書物學 22

BIBLIO

装丁・目次使用図版｜無学祖元頂相（慈照院蔵）｜国宝 無学祖元墨蹟（相国寺蔵）｜龍山徳見像（両足院蔵）｜仏説預修十王生七経・仏説寿生経（両足院蔵）
墨梅図（両足院蔵）｜対馬以酊眺望之図（相国寺蔵）｜惺窩先生墓建碑祭典略記（林光院蔵）｜『名庸集』（慈照寺蔵）｜大明仁孝皇后勧善書（相国寺蔵）

本多潤子
HONDA Junko

相国寺承天閣美術館「禅寺の学問／相国寺の歴史と寺宝II」

相国寺とその塔頭寺院に伝来する什物のうち、文字資料にかかわる美術工芸品から寺の歴史をみる展示を行った。仏書や和刻本漢籍などの典籍群を確認すると、相国寺に属した禅僧たちの時代ごとの文化的な営為が浮かび上がる。相国寺とその塔頭で共有された知の体系を、関係する禅僧と権力者たちとの交流も踏まえて紹介した。

相国寺承天閣美術館学芸員（立命館大学、京都市立芸術大学非常勤講師）。専門は日本古典文学。著書に『いのりの四季――仏教美術の精華』（相国寺承天閣美術館、二〇二〇年）、論文に「相国寺所蔵「後水尾天皇像　幸仁親王筆」について」（『論究日本文学』一一二、立命館大学日本文学会、二〇二〇年）、「仏教と和歌」（『茶道雑誌』河原書店、二〇二二年四月より連載）などがある。

はじめに

相国寺承天閣《じょうてんかく》美術館は臨済宗相国寺派本山相国寺の境内に建ち、相国寺本山と塔頭の寺宝の展示公開を行っている。相国寺は正式名称を萬年山相國承天禅寺といい、京都五山第二位に列せられる禅刹である。室町幕府三代将軍足利義満を開基とし、永徳二年（一三八二）建立開始、明徳三年（一三九二）に伽藍が完成、落慶供養が修された。勧請開山は夢窓疎石《むそうそせき》であり、現在は本山及び十二の塔頭が立ち並んでいる。また、鹿苑寺《ろくおんじ》（金閣）、慈照寺《じしょうじ》（銀閣）、眞如寺《しんにょじ》が山外塔頭としてその名を連ね、全国に所属する寺院が存在する。

相国寺の什物に関する研究史を確認すると、近代における出発点には相国寺僧、小畠文鼎《おばたぶんてい》（一八七〇～一九四五）による総括があった。小畠は大正十二年（一九二四）、相国寺の歴史を記した『萬年の翠』を刊行し、「伝来の什宝」として五十四点の主要な什物名を挙げている。また、「相國考記」「相國寺史稿」「萬年山聯芳録」などの中近世の相国寺関係資料を編纂した。昭和五十九年思文閣出版より藤岡大拙氏や秋宗康子氏らの校訂によって『相国寺史料』として刊行され、相国寺史研究の基盤となっている。

相国寺の寺史編纂の動きは近年も継続して行われている。平成十六年度から三年間、原田正俊氏を研究代表とした研究によって、一部の相国寺文書目録が作成され（基盤研究C「天龍寺・相国寺を中心とした五山派禅宗寺院文書の研究」成果報告書に目録掲載）その成果の一環として『西笑和尚文案』（思文閣出版、二〇〇七年三月刊）の翻刻出版も行われた。
平成十九年（二〇〇七）には、約一万点に及ぶ相国寺文書が大谷大学博物館に預けられ、伊藤真昭氏、藤田和敏氏によって目録が作成された。その文書群の返却を機に、現相国寺派宗務総長佐分宗順氏のもと、原田正俊氏、伊藤真昭氏を委員に迎えて相国寺史編纂委員会、編纂室が平成二十二年に発足した。そして新たに『相国寺史』の刊行も始まった。相国寺承天閣美術館における近年の展覧会も、相国寺史編纂室研究員、藤田和敏氏、中井裕子氏の助力に負うところが大きい。

二〇二一年十一月二十三日（火・祝）から二〇二二年一月二十三日（日）にかけて開催した「禅寺の学問——継承される五山文学／相国寺の歴史と寺宝Ⅱ」は、相国寺とその塔頭寺院に伝来する漢籍を確認し、禅寺に蓄積された知の体系を探った。相国寺は、中世より漢詩文などに優れた禅僧を多く輩出した、五山文学の中心地であった。仏典（内典）のみならず、漢籍（外典）も多く有し、知識をもって権力者たちとも深いつながりを持った。また、禅僧の活躍は文芸面だけではなく、外交文書の作成など、政治的な実務も担っていたことでも示される。以下では、相国寺およびその塔頭寺院に伝来する什宝より、禅僧たちの様々な営みを伝える文化財を取り上げ、その歴史的意義を明らかにしていく。

【図01】…無学祖元頂相　春屋妙葩賛　伝趙子昂筆　一幅　絹本淡彩(円相)　紙本墨書(着賛)　元時代
十四世紀　慈照院蔵

内典

相国寺は夢窓疎石を勧請開山に仰ぐ。そのため、その法系が重視され、相国寺開山堂には、

無学祖元《むがくそげん》—高峰顕日《こうほうけんにち》—夢窓疎石—春屋妙葩《しゅんおくみょうは》

の四祖師の木像が開基足利義満木像とともに安置されている。この開山堂安置の先徳たちにかかわる什物が相国寺の寺宝の核となっている。図01は塔頭慈照院《じしょういん》に伝来する無学祖元頂相である。

無学祖元（一二二六～八六）は弘安三年（一二八〇）、鎌倉幕府執権の北条時宗（一二五一～八四）の招きで来日した禅僧である。仏光国師、円満常照国師と追諡された。前述のように相国寺の勧請開山である夢窓疎石が無学祖元の法孫にあたる。本頂相は上段と下段に着賛があり、中段の円相内に頂相が描かれている。着賛は夢窓の法嗣、相国寺第二世春屋妙葩（一三一一～八八）による。上段は「仏光円満常照国師寿像」という金泥書で始まり、無学祖元が来日した逸話を語った語と、夢窓疎石の着賛の写しが書され、下段には元の掲傒斯（一二七四～一三四四）による塔銘の写しが書されている。頂相には、左右の腕に金龍と鳩が描かれている。これは、着賛によると、無学祖元が来朝するきっかけとなった逸話に由来する。無学祖元が中国にいた

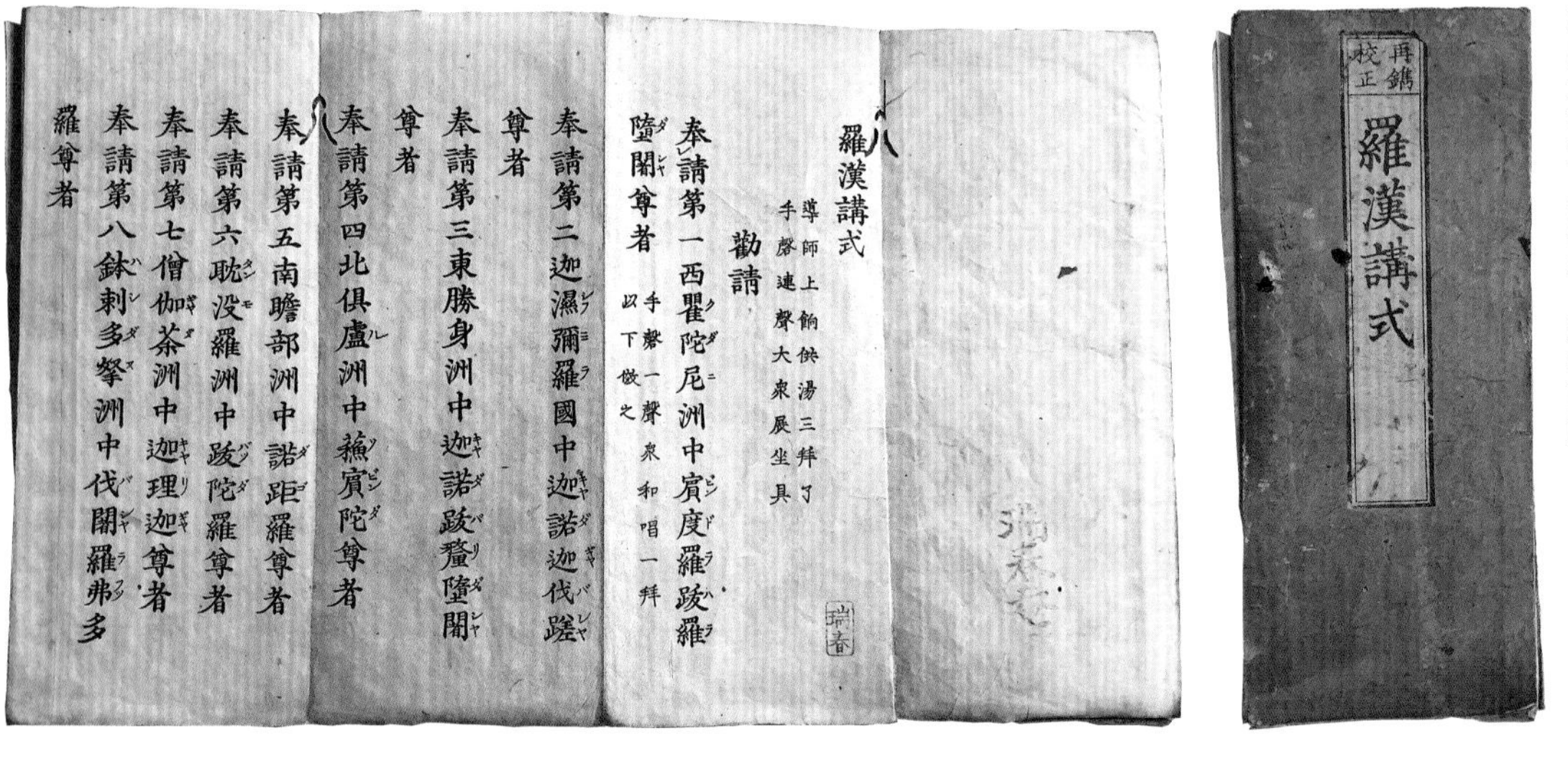

【図02】…再鐫校正羅漢講式　一帖　刊本　江戸時代　慶応元年（一八六五）　瑞春院蔵

ころ、禅定中に金龍と鳩を伴った神人に逢って日本への来朝を依頼されたというものだ。なお、相国寺山外塔頭である眞如寺は無学祖元の塔所、正脈庵を前身とし、什物の無学祖元木像や無学祖元頂相（徳巌理豊筆　元文四年）にも金龍と鳩が確認できる。

相国寺、及び眞如寺では無学の遠忌法要の記録が残り、複数の塔頭に『仏光録』が所蔵されている。うち、眞如寺には、仏光録の板木も現存する。また、相国寺本山には、明暦四年（一六五八）五月晦日に購入した記録が残る無学祖元の墨蹟〈無学祖元墨蹟 与長楽寺一翁偈語〉があり、現在国宝に指定されている。

このように、相国寺派では無学祖元の法系であることが常に意識されていたが、他の来朝僧にかかわる什物も多い。相国寺派に伝来する古典籍群のうち、内典にその傾向がみられる。図02は相国寺の複数の塔頭に伝わる『羅漢講式』であり、鎌倉時代に南宋より渡来した禅僧、蘭渓道隆《らんけいどうりゅう》（一二一三～七八）の撰述と伝わる。この相国寺で刊行された講式のもととなったものが、文化十三年（一八一六）開版の『羅漢講式』である。天龍寺の雲居庵の某による識語が末に付され、文化十三年に開版された。そこには、円覚寺の誠拙周樗（大用国師　一七四五～一八二〇）が天龍寺に滞在した折、羅漢講式を行ったことが記されている。誠拙周樗は相国寺の僧堂を開創した人物でもある。瑞春院にはこの文化十三年版の講式が複数現存している。「瑞春」の印が捺されたものの他に、「東慈」（東山慈照寺）や、「心華院」など、他の相国寺塔頭の名が墨書されたものが確認され、相国寺派において通行していたことをうかがわせる。

その後相国寺において慶応元年に開版された『羅漢講式』は、文化十三年版を元に訂正、読みを随所に追加し、導師の所作、手磬、拝などの式次第が追記されている。なお、字句の修正は、文化十三年版に頭注として「月字恐日之誤」などと刻されているものを反映させたものである。また、この出版にあたって寄進した塔頭や人物の一覧が「再刻募縁貨財」として末に記されている。相国寺の近世の日記『役者寮記録』によると、文久二年（一八六二）三月二十七日方丈において羅漢講式が修されている。開版された慶應元年の『参暇寮日記』四月二十七日にも羅漢講式が方丈において修された記録が残る。さらに慶應三年六月には、瑞春庵巨梁集完が本山へ『羅漢講式』三十巻を箱入で寄進している。

現在の相国寺では羅漢講式は厳修されていないが、昭和十八年（一九四三）頃までは毎年一月十八日に行われていた。現在は修されていない蘭渓道隆がかかわる儀礼としては、『梵語心経』も経本と語録が瑞春院に現存する。復活が待たれる儀礼の一例である。

外典

一方、仏教経典以外の漢籍もまた複数所蔵されている。廃絶した塔頭に伝来していた典籍群もまた、現在の相国寺本山の什物の大きな柱となっている。図03の『大明仁孝皇后勧善書』は塔頭旧蔵典籍の一例である。

【図03】…大明仁孝皇后勧善書　十冊　刊本
明時代　十五世紀　相国寺蔵

　本書は中国、明の三代永楽帝の徐皇后（一三六二〜一四〇七　仁孝慈懿誠明荘献配天斉聖文皇后）の撰により成立した全二十巻の官刊本の勧善書であり、永楽三年（一四〇五）二月の序文を有する。二巻毎に一冊に合冊されており、各巻第一丁オモテに「厚載之記」印を有する。撰者の徐皇后は明の初代太祖の馬皇后の教えを受けており、本書に捺された「厚載之記」は馬皇后の篆刻と伝わる。本書の内容は、儒教、仏教、道教の典籍の引用と具体的な説話を載せて善行を勧めるものである。「嘉言」として、儒・仏・道の三経の経典からの引用を載せ、「感応」として、関連説話を掲載している。中国における三教一致思想をうかがわせる内容で、本朝においても近世に本書の注釈書などが刊行されている。

　十冊を納める箱には、墨書で「勧善書　巣松軒」とあり、各一丁オモテ一行目下部には「巣松」印が捺されている。そのため、現在は廃絶した塔頭の巣松軒《そうしょうけん》伝来であることがわかる。部分的に書き込みがみられる他、破損個所には裏打紙が施され、欠字を墨書で補完しており、対校に用いた冊子の存在も伺わせる。巣松軒旧蔵の相国寺什物は、他に〈陶淵明栗里図〉などの中国絵画がある。

　また、現在の相国寺本山が所蔵する外典の複数に、相国寺第一一三世梅荘顕常《ばいそうけんじょう》（一七一九〜一八〇一）寄付の旨が記されている。例えば『史記』『漢書』など史書群は対馬藩主から梅荘が賜り、本山に寄付したと箱書きにある。これらは、天明の大火で多くの典籍が失われ、それを回復せんとした僧の活躍の賜物である。

　時代ごとに相国寺僧たちは本山什物の充実をはかり、自身が集めた作品を寄進してきた。その流れは近代になっても続いた。図04などを寄進した相国寺第一二八世橋本獨山《はしもとどくざん》（一八六八〜一九三八）はその代表的な人物である。

　橋本獨山は中国の明時代や清時代の絵画も複数本山へ寄進した。そのうちの一幅が本品となる。謝時臣（一四八七〜一五六七以後）は中国江蘇省蘇州の出身の明代中期の代表的な画家であった。竹林の中に遊ぶ高士が描かれ、上部の着賛「雲間樹色千花満、竹裡泉声百道飛」は、初唐の詩人である沈佺期の七言律詩「奉和春初幸太平公主南荘応制（春初、太平公主の南荘に幸すに和し奉る、応制）」の、第五・六句を染筆したものとなっている。

近世前期相国寺僧の学芸

　相国寺僧は多くの漢籍を有し、その知識をもって五山文学と称される独自の文化を花開かせた。本邦禅林において中世に発展した漢詩文を中心とした学芸は、中世の営為が広く知られるが、近世においても盛んで、宮廷文化にもその影響を及ぼ

【図04】…淡彩春景山水図　謝時臣画賛　一幅　絹本墨画淡彩　明時代　十六世紀　相国寺蔵

【図05】…瀟湘八景詩巻　五山僧寄合書　一軸　紙本墨書　江戸時代　寛永七年（一六三〇）頃　大光明寺蔵

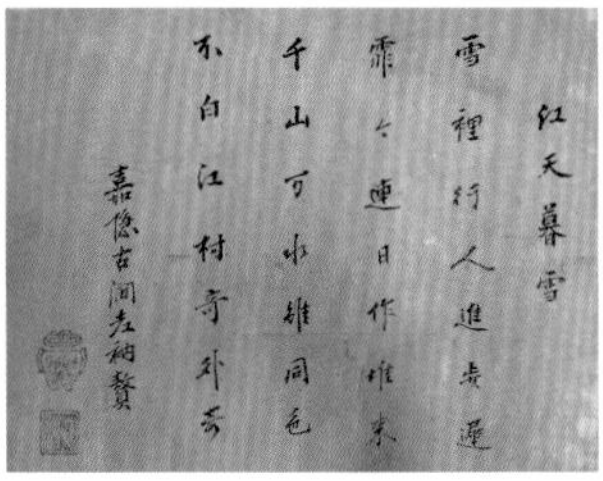

一、江天暮雪

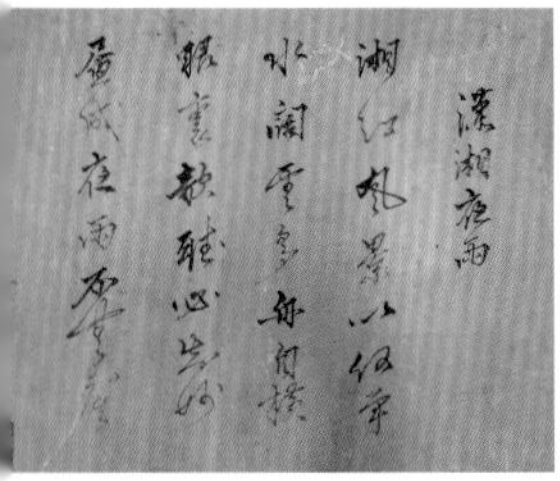

二、瀟湘夜雨

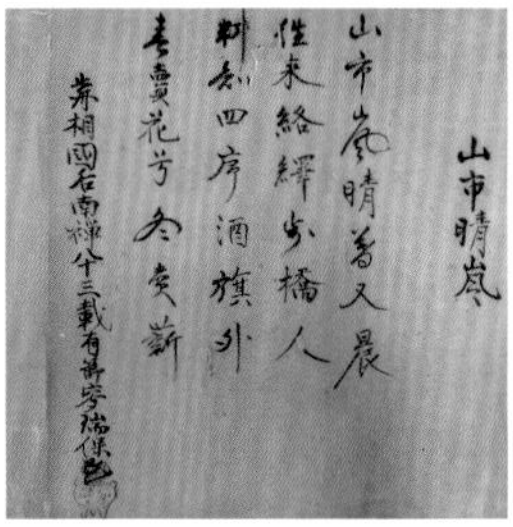

三、山市晴嵐

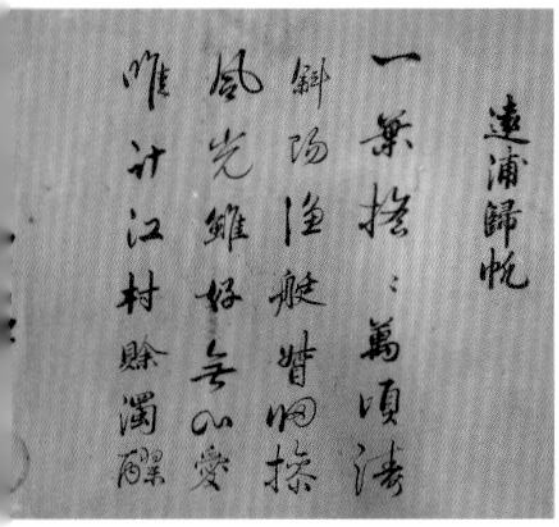

四、遠浦帰帆

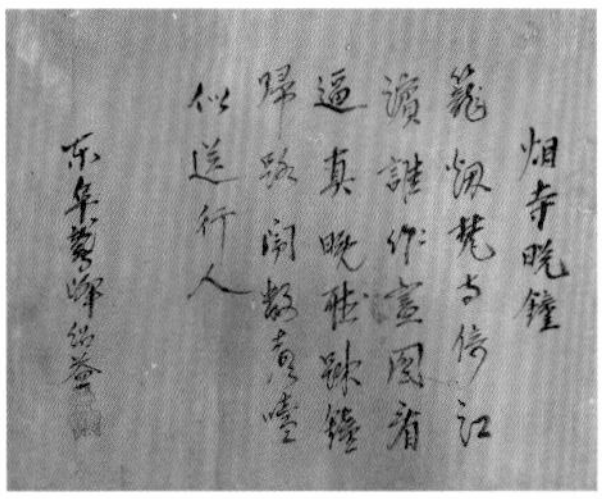

五、烟寺晩鐘

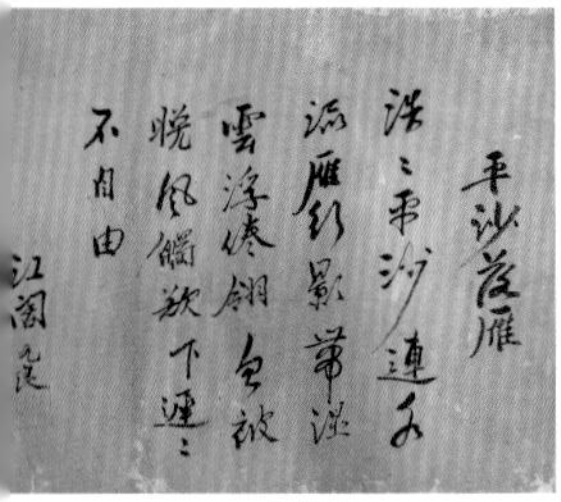

六、平沙落雁

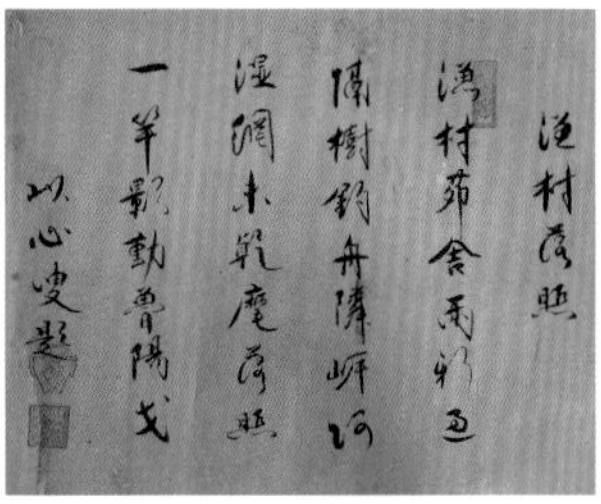

七、漁村落照

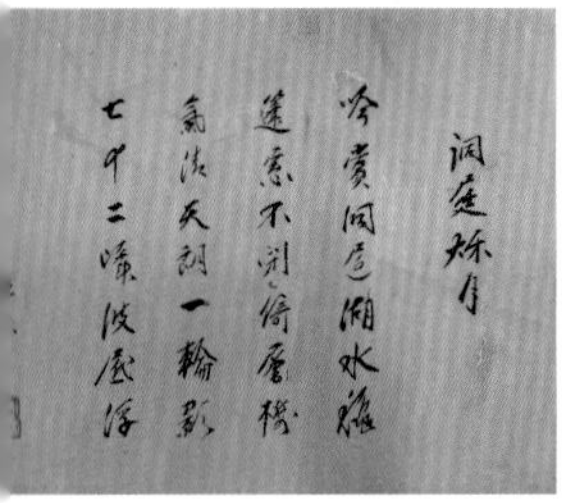

八、洞庭秋月

した。特に後陽成院（一五七一〜一六一七）や後水尾院（一五九八〜一六八〇）は詩会を盛んに催し、相国寺をはじめ京都五山の禅僧たちが伺候した。

後陽成院のもとで活躍した相国寺第九三世有《ゆう》節《せつ》瑞《ずい》保《ほ》（慈照院第六世　一五四八〜一六三三）の漢詩の才は現存する什物からも確認できる。**図05**はその一例である。

桃山から近世前期に活躍した京都の五山僧たち八人による寄合書の瀟湘八景詩巻である。一紙に一詩、合計八紙が一軸に仕立てられている。揮毫者の一人、有節瑞保が八十三才の時の作とあるため、その製作時期は寛永七年（一六三〇）頃と思われる。建仁寺第二一四世、古澗慈稽（一五四四〜一六三三）、建仁寺第三〇〇世九巌中達、有節瑞保、相国寺第九四世昕叔顕晫《きんしゅくけんたく》（一五八〇〜一六五八）、建仁寺第二九五世三江紹益、南禅寺第二七四世最岳元良（一五八三〜一六五七）、南禅寺第二七〇世以心崇伝、東福寺第二三五世樟隠玄召という、当時の名だたる五山僧が名を連ねた。

中世の五山僧の詩作を編纂する動きもこの時代に盛んであった。**図06**は虎関師錬からはじまる中世五山の禅僧三十六名の漢詩各一首を、近世初期の五山僧が二首ずつ寄合書で書していったものである。横川景三による『百人一首』や文挙契選による『花上集』などに撰ばれた中世の五山僧から三十六人が選出され、時代順に配列されている。同書の京都大学図書館平松家文庫本には、「叢林

［図06］…叢林風月六々仙　一巻　紙本墨書　江戸時代　寛永年間　慈照院蔵

【図07】…惺窩先生墓建碑祭典略記　版木　一枚　冊子　一冊　近代
明治二十二年（一八八九）　林光院蔵

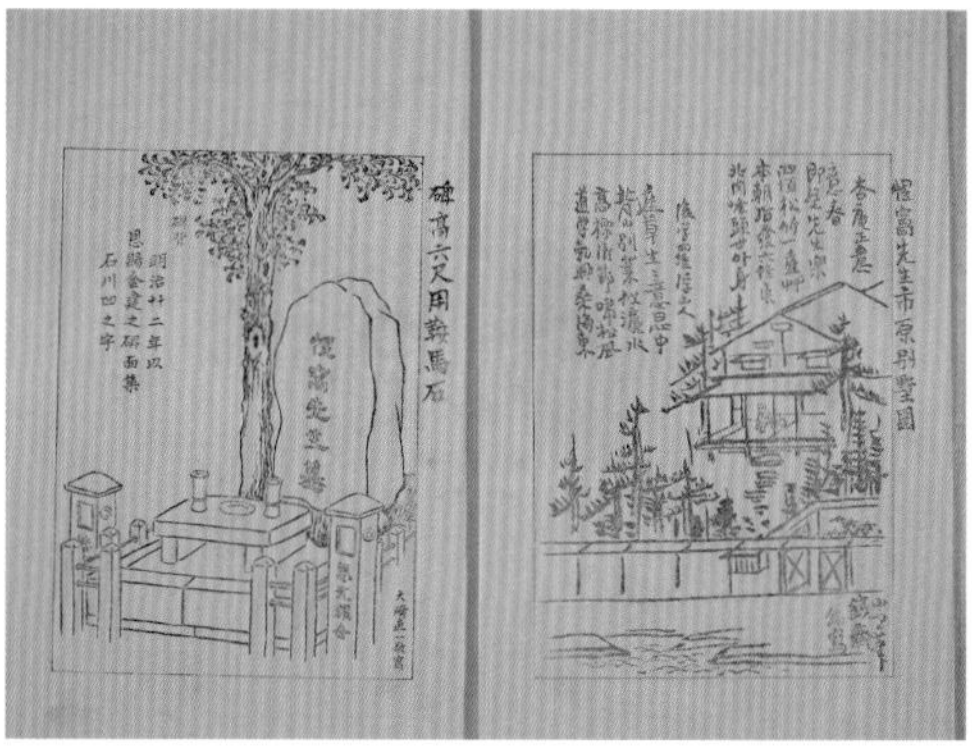

風月六々僊　羅浮山人道春編」とあり、この三十六人を選出したのが林羅山（一五八三〜一六五七）であることが明記されている。慈照院本は巻子装で、南禅寺二七四世の最岳元良や相国寺慈照院の昕叔顕晫等、図05にも名を連ねた、林羅山と同時代の五山僧らが揮毫している。

林羅山は儒者として江戸幕府と結びつき、五山僧が武家政権に対して有していた役割をも担った。その林羅山の師で近世儒者の祖とされる人物が藤原惺窩（一五六一〜一六一九）である。藤原定家の子孫である下冷泉家の出身で、十八歳の時に父為純が亡くなり、相国寺の塔頭、普廣院《ふこういん》の住持であった叔父清叔寿泉のもとに身を寄せた。相国寺で禅学に励むなか、五山で継承されてきた儒学に傾倒し、後に近世日本朱子学の開祖と称される儒者となった。相国寺の塔頭林光院《りんこういん》を墓所とする。林光院には藤原惺窩の肖像画が二点現存している。一点は明治時代に富岡鉄斎（一八三七〜一九二四）によって描かれた肖像で、もう一点は明治二十二年（一八八九）に相国寺塔頭林光院で催された「惺窩先生墓建碑祭」で配布された冊子の扉絵のもととなった肖像画である。

藤原惺窩の墓所である林光院に、惺窩の碑を建設しようという惺窩顕彰の動きがあり、明治二十二年五月二十五日、相国寺の塔頭林光院で「惺窩先生墓建碑祭」が開催された。図07はその時に制作され賛同した出資者の名前が連ねられている。さらに、冒頭三頁には、「藤原惺窩先生像」「同山荘図」「同墓碑図」の挿絵があり、巨勢小石（金起　一八四三〜一九一九）、富岡鉄斎らが版下を制作している。その挿図部分の版木は林光院に現存し、明治二十三年八月に富岡鉄斎が経緯を書した箱書を有する。

十七世紀中頃の相国寺僧の学芸については、鳳《ほう》林承章《りんじょうしょう》による詳細な記録が残っていることでより明らかとなっている。

図08は相国寺第九五世で鹿苑寺の住持でもあった鳳林承章（一五九三〜一六六八）の頂相である。鹿苑寺には三幅、鳳林の頂相が現存する。本頂相はそのうち、万治三年（一六六〇）に法嗣の鹿苑寺文雅慶彦（一六二一〜九八）が求めて作成されたものである。鳳林は勧修寺家出身で、後水尾院の外戚にあたる。相国寺第九二世の西笑承兌《せいしょうじょうたい》（一五四八〜一六〇七）の法嗣であるが、師が豊臣秀吉や徳川家康ら武家政権の政治顧問として活躍したのに対し、鳳林は武家政権とは距離を取り、後水尾院に近侍し、院を中心とした寛永文化圏にその足跡を残した。相国寺の境内にある晴雲軒《せいうんけん》と北山の鹿苑寺を拠点とし、相国寺のみならず、盛んに伺候していた後水尾院の動向にも詳しい。晴雲軒は現存しないが、かつての敷地に現在建つ相国寺塔頭養源院《ようげんいん》に晴雲軒の遺構や遺品が一部残されている。そして鳳林承章の動向は専ら鹿苑寺に残された什物によって詳となる。

図09の鳳林承章の日記『隔蓂記《かくめいき》』は当時の京の

文化を記した一級の資料である。鳳林四十三歳の寛永十二年（一六三五）八月から七十六歳の寛文八年（一六六八）までの三十四年にわたる詳細な記録が紙面一杯に書き込まれている。年数を経るごとに行間、字間が狭まり、より細やかに筆を走らせている。全三十冊が二重の木箱に保管されている。内箱蓋裏には、「旧箱 慶應三丁卯秋修補 見住周顕識」とあり、相国寺一二五世憲道周顕（一八〇九～七八）によって慶応三年（一八六七）に修理がなされたことが記されている。この『隔蓂記』には、現存する什物についての記事も散見する。相国寺什物で現在国宝に指定されている〈無学祖元墨蹟 与長楽寺一翁偈語〉や、鹿苑寺什物で重要文化財の〈足利義満像 飛鳥井雅縁賛〉などである。什物が寺院にとってなぜ必要であったのか、といった享受の様相も示されているのである。

［図08］…鳳林承章頂相　一幅　絹本著色　江戸時代　万治三年（一六六〇）　鹿苑寺蔵
描就老風流　蒼顔與白頭　無形吾対而　飛絮走毛毬

相国寺の歴史と寺宝

寺院に伝来する什物の時代ごとの享受を確認すると、その寺院の歴史も垣間見えてくる。

図10は内題に「万年山相国承天禅寺諸回向并疏」とある一冊である。足利義満の時代、相国寺の住持が第三世空谷明応《くうこくみょうおう》（一三二八～一四〇七）であった時代の相国寺の仏事が記されている。誠中中疑によって編纂された、中世の相国寺で行われた仏事の回向文と疏《そ》といわる文をまとめた貴重な資料となっている。具体的には、前半に朝課などの日課、楞厳会や懺法などの年中行事の回向文が、後半には永徳二年（一三八二）の仏殿立柱法堂上棟疏など、相国寺創建にかかわる様々な文章が列記されている。表紙題簽に記された元の書写者は仲方中正《ちゅうほうちゅうしょう》（普廣院第三世　一三七三～一四五一）である。最終丁には、

此回向冊子天文廿辛亥夷則十四日
当寺回禄之時失却同季仲冬
雲頂院賢仲集良首座求得而
寄附焉　住山寿信誌

［図09］…隔蓂記　鳳林承章筆　三十冊　紙本墨書　江戸時代十七世紀　鹿苑寺蔵

【図10】…中正蔵主回向冊子　一冊　紙本墨書
室町時代　天文二十年（一五五一）　相国寺蔵

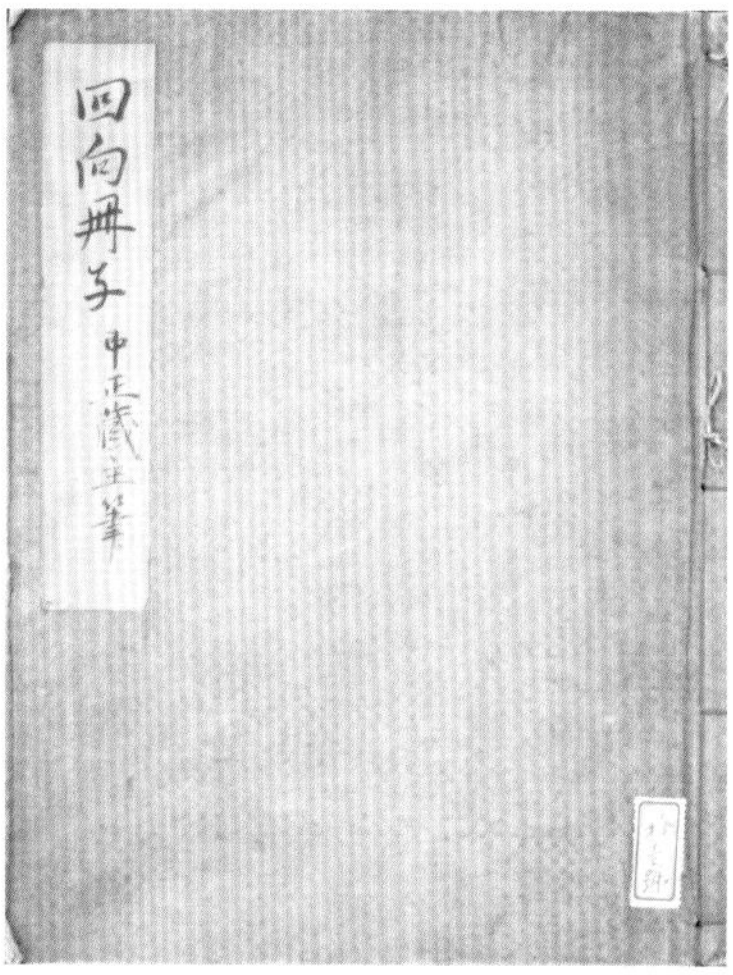

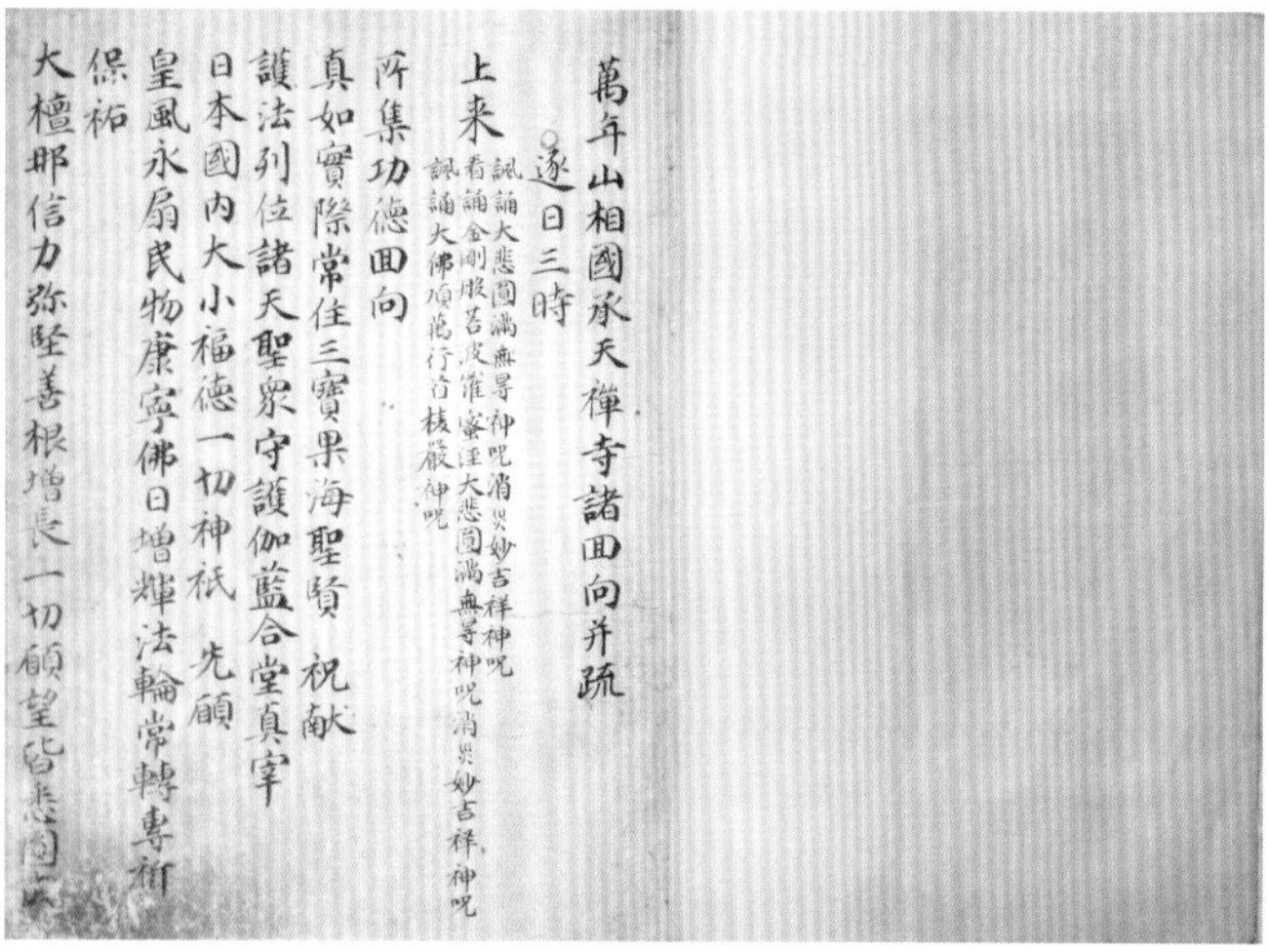
萬年山相國承天禅寺諸回向并疏
○逐日三時
上来　諷誦大悲圓満無㝵神呪消災妙吉祥神呪
看誦金剛般若波羅蜜経大悲圓満無㝵神呪消災妙吉祥神呪
諷誦大佛頂萬行首楞嚴神呪
所集功徳回向
真如實際常住三寶果海聖賢　祝献
護法列位諸天聖衆守護伽藍合堂真宰
日本國内大小福徳一切神祇　先願
皇風永扇民物康寧佛日増輝法輪常轉專祈
保祐
大檀那信力弥堅善根増長一切願望皆悉円成

【図11】…慈照院諒闇摠薄　重要文化財　一冊
紙本墨書　室町時代　十五世紀　慈照院蔵

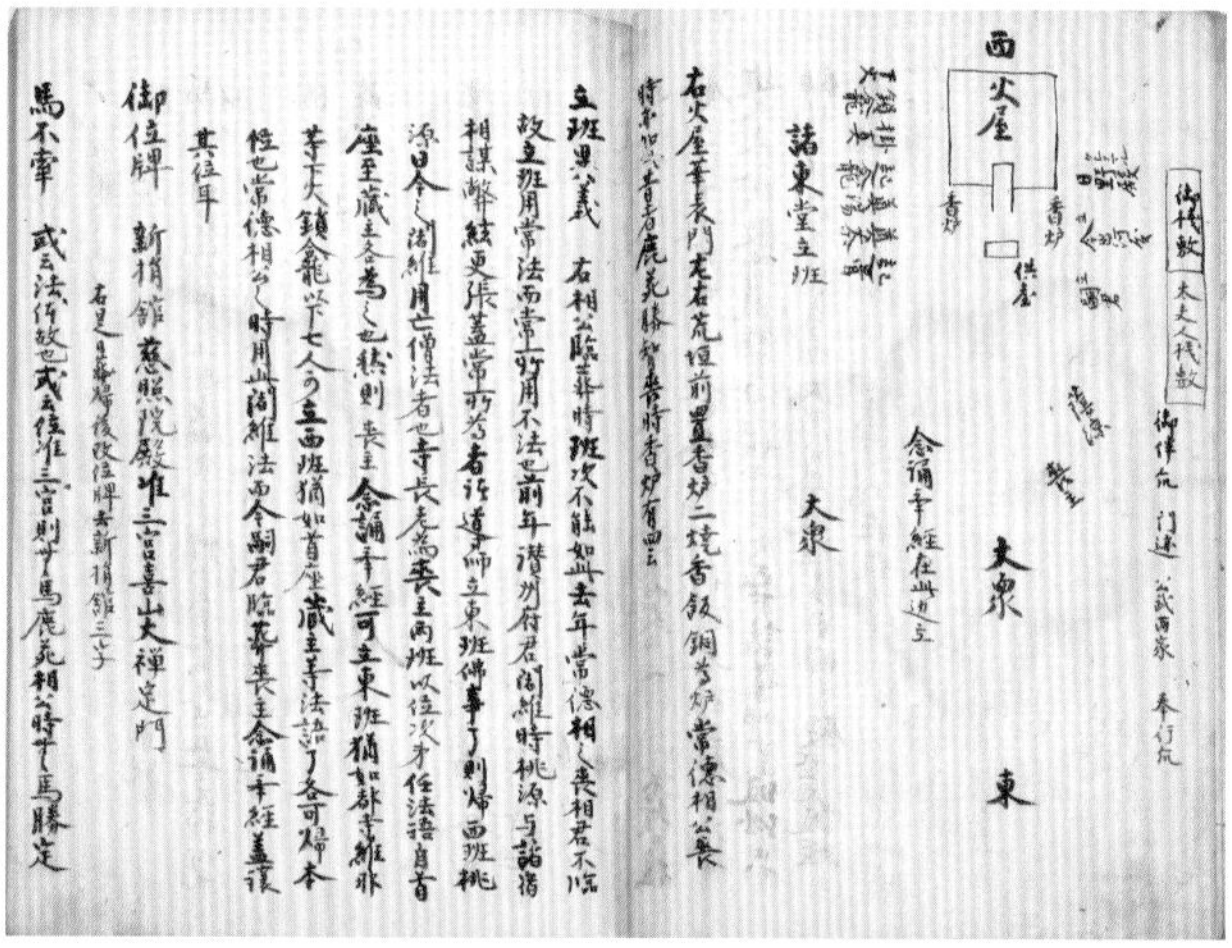

とあり、本書の原本は天文二十年の火災で焼失したが、同年冬に、相国寺の塔頭雲頂院《うんちょういん》の賢仲集良（生年不詳～一五七七）首座が求め得てこれを本山へ寄附したということが相国寺塔頭、梅熟軒《ばいじゅくけん》第四世の春湖寿信（生没年不詳）によって記されている。相国寺草創期の仏事が後の規範となって書写され続けたのである。

　相国寺本山ではなく、塔頭にも仏事に関する貴重な資料が現存する。**図11**は慈照院に伝来する、鹿苑院の彦龍周興《げんりゅうしゅうこう》（一四五八～九一）が編纂した書である。足利将軍の初七日から尽七日（四十九日）の中陰仏事までが、時には図示して詳細に記録されている。彦龍周興は、延徳元年（一四八九）五月に相国寺塔頭法住院《ほうじゅういん》から鹿苑院に移動し、同二年、室町幕府第八代将軍足利義政が薨去した際に鹿苑院侍衣として、義政の葬送儀礼を取り仕切り、本書にその詳細を記したのである。また、その先例として応永十五年（一四〇八）五月の足利義満の葬送儀礼の次第なども記されている。足利将軍家の葬送儀礼を伝える貴重な一冊である。

　相国寺は足利義満創建以降、歴代の足利将軍の位牌を安置する塔頭を境内に有する将軍の寺としての特徴があった。そのため、什物にも足利家ゆかりの品が重要視され、守り伝えられてきた。

　図12『樵談治要』は文明十二年（一四八〇）七月二十八日に一条兼良（一四〇二～八一）が室町幕府第九代将軍、足利義尚（一四六五～八九）に贈呈した書で、『文明一統記』はその翌年二月に将軍家より依頼があり、兼良より贈られた書である。内容はともに、為政者としての心得を説いたもの。前半は神を敬う事、儒仏一致思想などが説かれ、後半は為政者が清廉であることなど、人倫的理想が説かれている。相国寺の塔頭、桂芳軒《けいほうけん》に伝来した本書の伝承書写者は、一条兼良の子冬良（一四六四～一五一四）である。

　本書は近世の相国寺の資料にも登場する。『参暇寮日記』正徳元年（一七一一）十二月十四日条には、江戸幕府の新井白石から閲覧所望があったことが記されている。新井白石は本書と〈明永楽帝勅書〉（重要文化財 相国寺蔵）について閲覧依頼しており、寺外にも知られた相国寺の寺宝であったことがうかがえる。

また、足利将軍家が衰退し、徳川幕府の体制が整う近世前期までの時代に、相国寺は伽藍の復興に着手する。現存する法堂は、慶長十年（一六〇五）、豊臣秀頼（一五九三〜一六一五）の寄進により再興されたものである。図13は現在、相国寺本山の所蔵となっているが、箱書を確認すると、相国寺塔頭、豊光寺《ほうこうじ》の旧蔵であったことがわかる。豊光寺は慶長三年（一五九八）に豊臣秀吉追善のために西笑承兌によって創建された塔頭である。

図13に記された豊国大明神とは、豊臣秀吉（一五三七〜九八）が没後（慶長四年（一五九九）三月十七日）、朝廷より賜った神号であり、相国寺と豊光寺に現存する秀吉の位牌も「豊国大明神」と記されている。この神号については豊臣秀頼の揮毫による名号が複数現存する。本品は「秀頼九歳」とあり、関ヶ原の戦いの翌年、慶長六年（一六〇一）の染筆である。相国寺法堂には、豊臣秀頼「崇陽寺殿」の位牌も安置されており、毎年五月に崇陽寺殿忌が厳修されている。

続いて徳川家康によって慶長十四年（一六〇九）、相国寺の山門が再建された。相国寺本坊文書の『相国寺幷塔頭興隆記』には十二年に山門の柱に家康が自ら徳川家と、相国寺のこの山門が永久に続くよう祈念して「源家武運與山門同永久矣」と墨書したと記されている。その墨書が残る山門柱の焼材が現存する図14で中央に「東照大権現御神筆十一字処」と書かれた箱におさめられている。箱には後に本品が発見された経緯が記されている。それによると、天明の大火（一七八八）で相国寺の伽藍の大部分が焼失した後、山門焼跡から墨書部分が発見されたという。それは徳川家康自身による墨書であるとみなされ、幕府の命により箱に秘納し、永世開かないように封したと記されている。箱書には天明の大火の時の梅荘顕常ら四名の署名と花押が下部に記されている。

家康の山門復興の後、徳川による伽藍復興は続かなかった。かわりに大壇越となったのが、後水尾院である。相国寺方丈、宝塔、開山堂が後水尾院によって再興された。その交流は前述の『隔蓂記』に詳しい。

近世の五山僧と幕府の関係に欠かせない要素が、碩学《せきがく》制度である。元和元年（一六一五）、春屋妙葩以降相国寺僧が担ってきた五山統括の鹿苑僧録が廃

［図12］…樵談治要・文明一統記　伝一条冬良筆　一冊
紙本墨書　室町時代　十五世紀　相国寺蔵

［図13］…豊臣秀頼一行書 豊国大明神　一幅　紙本墨書
桃山時代　慶長六年（一六〇一）　相国寺蔵

［図14］…山門柱墨書部分　一口　墨書　江戸時代
慶長十二年（一六〇七）　相国寺蔵

［図15］…對州御本一重口水指　箱書橘州周偆　一口　江戸時代　安政五年（一八五八）　慈照寺蔵

止され、碩学制度が開始された。碩学とは、京都五山の学識抜群の学僧を碩学として選び、個人に対して禄を与えたものである。相国寺は三名分の枠があてられ、初代碩学には、前鹿苑僧録、有節瑞保と昕叔顕晫が選ばれ、残り一枠は該当者なしとなった。そして寛永十二年（一六三五）以降、碩学僧から対馬以酊庵に輪番で朝鮮修文職として派遣されるようになった。歴代の僧たちは対馬よりさまざまな文物を自坊に持ち帰った。

図15もその一例である。対馬の対州窯で焼かれた水指で、蓋表に「立亀製／水指」と墨書があり、蓋裏書に「安政五戊午年初冬在對島命令造之／東慈常住／現任橘洲記」とある。東山慈照寺の十五世、橘州周偆《きっしゅうしゅうちん》は、朝鮮修文職として安政五年の春より対馬厳原の以酊庵に赴任しており、その年の冬、対馬の立亀窯に依頼して焼かれた水指であることがわかる。立亀窯は寛政年間に開窯したとされる対州窯の一窯で、本品は焼成年代のわかる貴重な資料である。

碩学時代の資料は『朝鮮往来書』など公的な側面を有する資料が本山に集められたのに対し、僧侶個人が土産として得た私的な品は僧が住した塔頭にもたらされた。本山什物には幕府の外交政策における五山の役割が、塔頭什物には個人の交流や好みが反映されており、それぞれの特徴が見受けられる。

おわりに

寺院の什物はそれぞれに伝来の経緯があり、現在に至るまでの享受の歴史を有する。寺院什物には美術的な鑑賞対象ではない、多くの典籍群があり、それらを紐解くことにより、禅寺に蓄積された知の体系の一端に触れることができる。さらに時代ごとに寺内で記された文書群には、多くの什物に関する記載がある。なかには現在、相国寺承天閣美術館に文化財として保管されている什物の記述も確認される。時代ごとにどのような位置付けがなされ、什物が受け継がれてきたのかを知ることが、寺の歴史を体感することともなろう。

付記　この総括は、「禅寺の学問――継承される五山文学／相国寺の歴史と寺宝II」展にあわせて作成した小冊子の内容を部分的に抄出、構成を変更、加筆して再編集したものである。

協力寺院一覧
相国寺
慈雲院
慈照院
慈照寺
瑞春院
大光明寺
林光院
鹿苑寺

特集◉禅寺の学問

相国寺山内プロジェクトとしての『名庸集』

中本大　NAKAMOTO Dai

近世初期、相国寺山内では浩瀚な人名録『名庸集』が組織的に編纂されていた。『源氏物語』研究の到達点として『岷江入楚』が編まれたように、南北朝時代以来、五山禅林文壇において蓄積された知見を集大成する計画が遂行されたのである。後水尾院に献上されたというこの書物の成立の契機に迫ってみたい。

相国寺で集成された「総合知」

二〇二一年秋、未だコロナ・ウィルスに多くの人が怯えていた頃、京都の相国寺承天閣美術館で展覧会「禅寺の学問――継承される五山文学 相国寺の歴史と寺宝II」が開催された。「五山文学」を標榜した注目すべき企画展示であった。本多潤子氏が学芸員として着任されて以降、相国寺承天閣美術館は塔頭寺院との連携を強め、意欲的な展覧会が続いていることは、禅林の歴史・文化・芸術に関心を持つものの間では周知であったものの、本企画展は初公開となる寺宝の出品が多く、相国寺の教義と学問を支えてきたモノが放つ想像を超えた力と熱量に、唯々圧倒されるばかりであった。

　私が特に瞠目したのは、慈照寺が所蔵する『名庸集』であった（以下、「慈照寺本」と呼称）。二〇一三年に思文閣出版より故信多純一先生旧蔵、現在、神戸女子大学古典芸能研究センターが所蔵する相国寺慈照院旧蔵本『名庸集』の影印と解題を上梓したが（『名庸集　影印と解題』、以下、「慈照院旧蔵本」と呼称）それと同一の書名・内容である。本書はいわゆる人名録で、儒・道両道にわたる聖人・士大夫・文人騒客などの事蹟に関連する記述を、漢籍の経史子集のみならず和書にも亙る出典

立命館大学文学部教授。専門は日本中世文学・漢文学・和漢比較文学。著書に『名庸集　影印と解題』（思文閣出版、二〇一三年）、論文に「誰のための「五山文学」か――受容者の視点から見た五山禅林文壇の発信力」（『アジア遊学』二二九、勉誠出版、二〇一九年）、「二次創作された東山文化の「和漢」――享保年間の「馬蝗絆」をめぐって」（『茶の湯の歴史を問い直す』筑摩書房、二〇二二年）などがある。

［図01］…目録冒頭『名庸集』慈照寺蔵

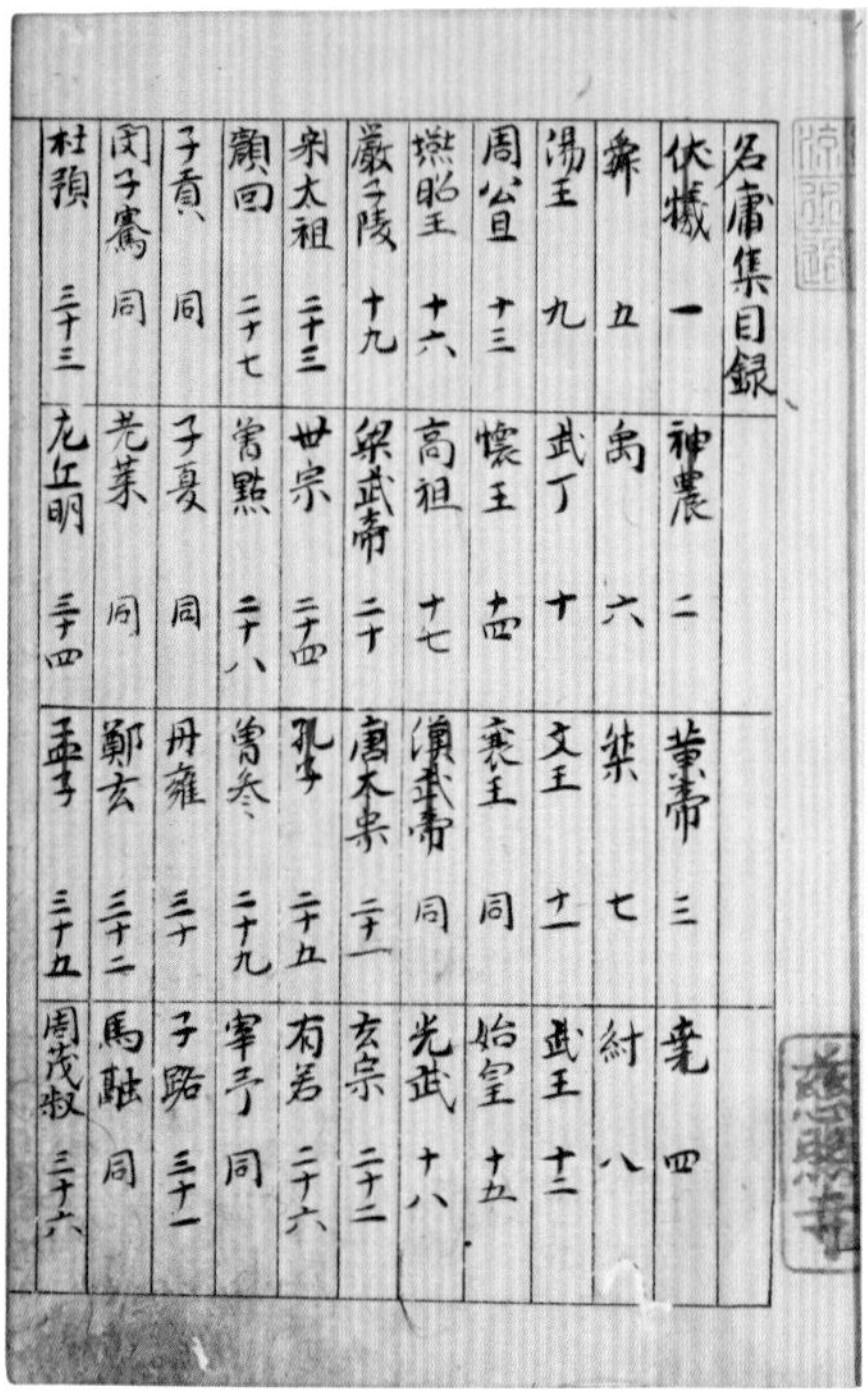

名庸集目録

伏犠　一	神農　二	黄帝　三	堯　四
舜　五	禹　六	桀　七	紂　八
湯王　九	武丁　十	文王　十一	武王　十二
周公旦　十三	懐王　十四	襄王　同	始皇　十五
楚昭王　十六	高祖　十七	漢武帝　同	光武　十八
厳子陵　十九	梁武帝　二十	唐太宗　二十一	玄宗　二十二
宋太祖　二十三	世宗　二十四	孔子　二十五	有若　二十六
顔回　二十七	曽点　二十八	曽参　二十九	宰予　同
子貢　同	子夏　同	冉雍　三十	子路　三十一
閔子騫　同	老莱　同	鄭玄　三十二	馬融　同
杜預　三十三	左丘明　三十四	孟子　三十五	周茂叔　三十六

から丹念に抜き書きした謄写本である。韻字別の排列ではないものの、元代欠名氏編、本邦五山禅林でも広く利用された『排韻増広事類氏族大全（氏族大全）』を補完する目的で編纂されたものと考えられる。釈迦・弥勒・観音・文殊以下の羅漢祖師を採録する『燈分集』（国立国会図書館に相国寺雲興軒旧蔵本が所蔵される）、地名を摘録した『境彰集』を載録することが目録によって知られるものの、『境彰集』の全貌は不明であった。慈照寺本は『燈分集』・『境彰集』を備える完本なのである。

斯書が注目されるのは、『隔蓂記』寛文四年（一六六四）四月五日条に相国寺塔頭長得院の学僧・菊隠慧叢の所持本を『隔蓂記』を記した鳳林承章が後水尾院に献上したことが記されるためである。大部な『隔蓂記』において『名庸集』が言及されるのはこの条のみで、その成立の背景や伝本等の詳細も一切不明であった。菊隠は鳳林の盟友であった慈照院主の覚雲顕吉と関係が深いこともあり、慈照院旧蔵本は菊隠所持本の可能性もあるのでは、と推定していた。それば半ば正解、半ば誤解であったようである。

図01・02・03で示したのは慈照寺所蔵本である。几帳面な墨界で四段に区切られた目録を掲げる本書を披いていくと、慈照院旧蔵本かと見紛う本文が展開している。慈照院旧蔵本は修復の際に発生したと考えられる錯簡が見られるものの、慈照寺本の配列は正確である。本多潤子氏の調査によれば、「その伝本は寺外に伝えられたものも含め、相国寺の塔頭慈照院、玉龍院、雲興軒、慈照寺などの蔵書印が確認でき、相国寺派内で近世に書写されて今に伝えられた」（『禅寺の学問――継承される五山文学　相国寺の歴史と寺宝Ⅱ』展ガイドブックより引用）とされる。まさに近世初期までに集成、蓄積された漢籍の四部分類と特徴的な和書を網羅する五山禅林の知見を一覧、共有することを目的に、相国寺内で組織的に作成、保存されたのが本書であったと考えられるのである。現在、寺外に伝えられる同題の写本も元来は相国寺に由来するもの、また現在でも多くの塔頭が『名庸集』を所蔵する可能性は極めて高いと考えられるのである。

こうした相国寺における伝本の存在が確認された今、『隔蓂記』の記事の意味や解釈も変更すべきでは、と考えている。

『名庸集』のプロデューサーは後水尾院か

『名庸集　影印と解題』刊行後、堀川貴司氏より奈良の造墨老舗・古梅園所蔵の〔諸儒便覧〕なる一書を教示された。古梅園所蔵資料は二〇〇九年から二〇一一年にかけて大谷俊太氏を研究代表者とする科研費プロジェクト（課題番号二一三二〇〇四八）によって調査され、目録及び解題が整備されている（科研費研究成果報告書『奈良古梅園所蔵資料の目録化と造墨事業をめぐる東アジア文化交流の研究　目録編／資料・解題編』）。その解題編の劈頭に掲げられた堀川氏による〔諸儒便覧〕の解説には次のように記されている。

▼中国人物故事用例集。伝説上の皇帝伏犠・帝堯・帝舜に始まり、朱熹・韋駄天・布袋・遠法師（慧遠）に至る、先秦から宋代までの著名な人物（ほとんど俗人で、仏教関係は末尾三人のみ）を挙げ、それに関わる詩文を諸書よ

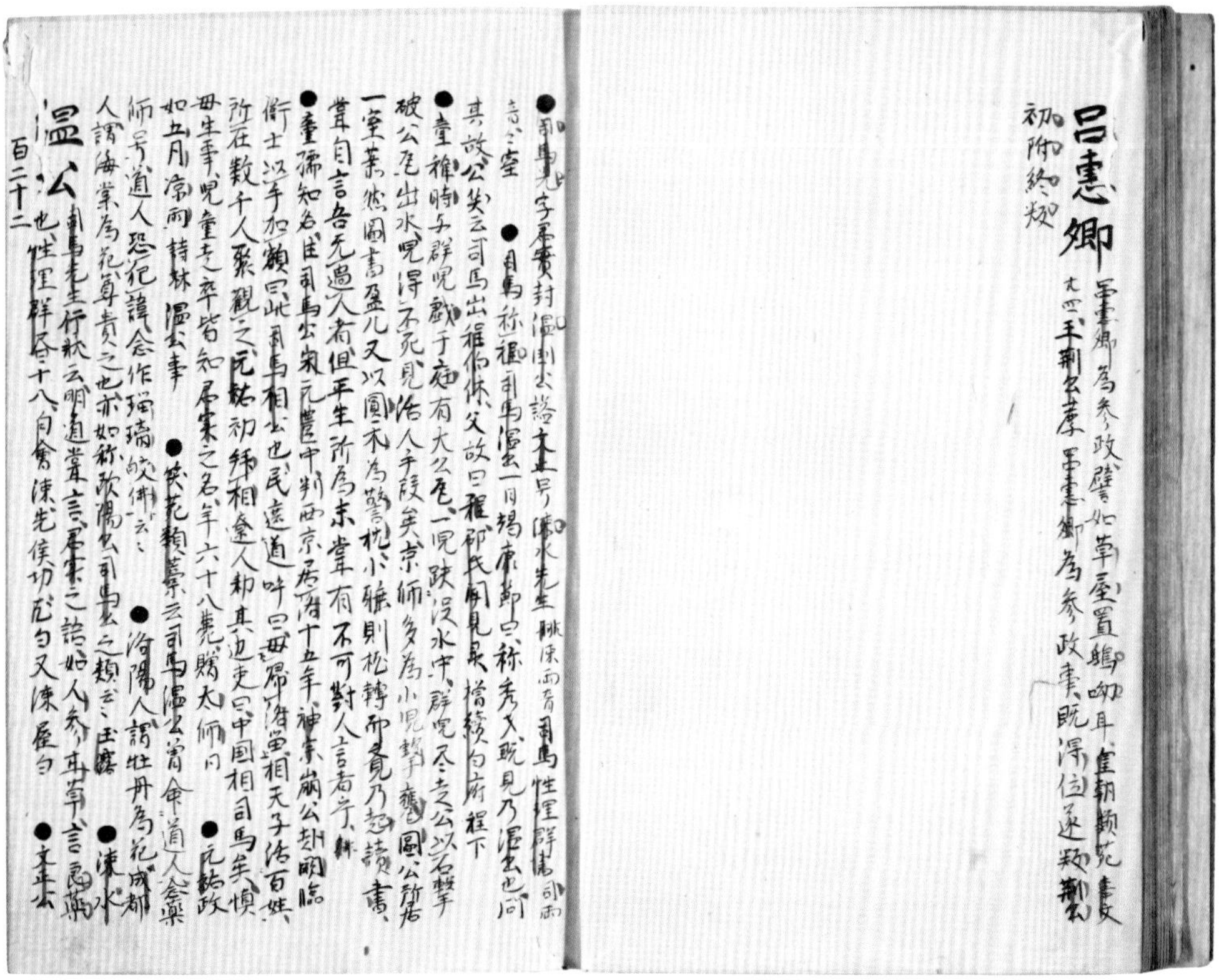

[図02]…「伏犠」『名庸集』慈照寺蔵

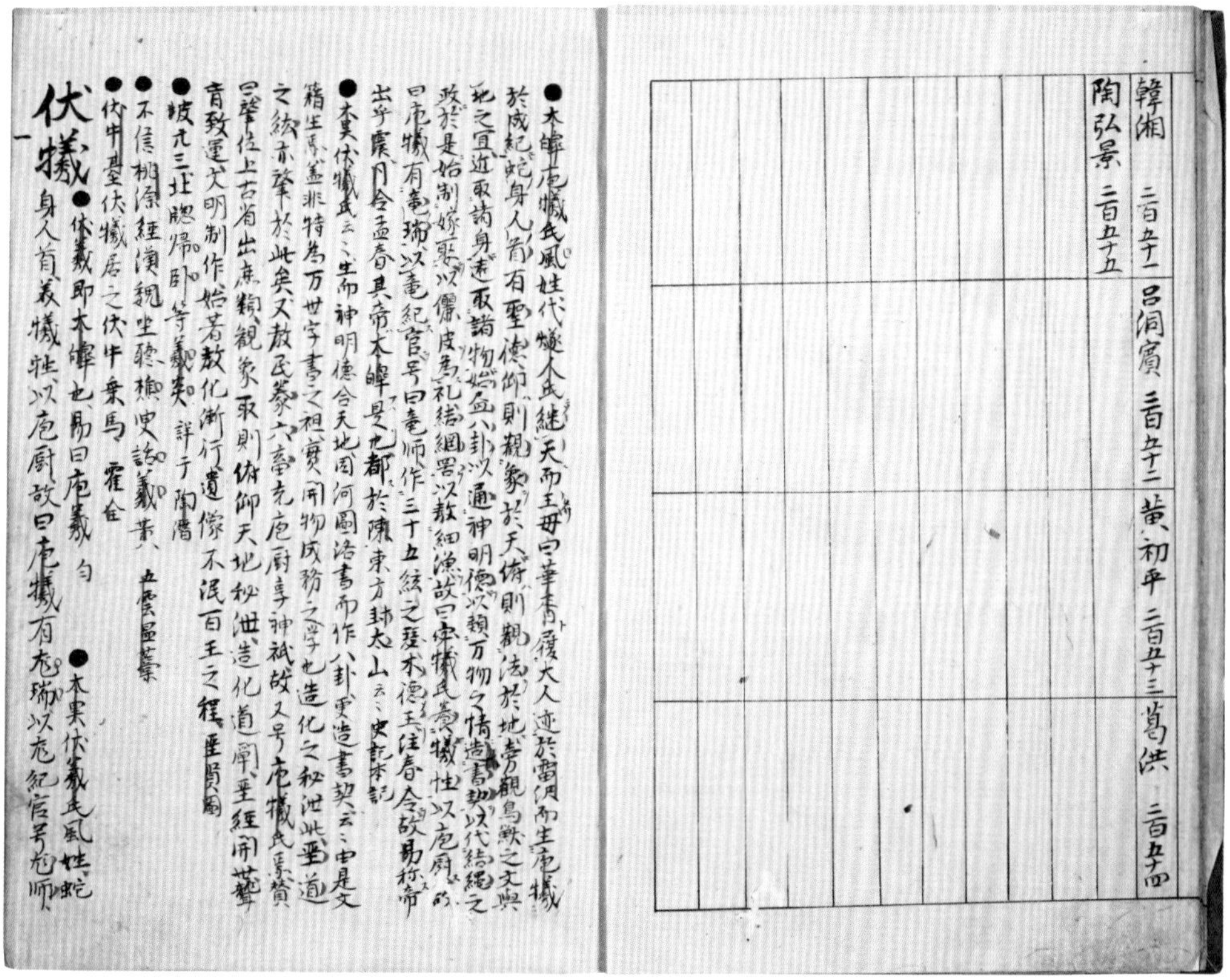

[図03]…「司馬温公」『名庸集』慈照寺蔵

り抜き書きしたもの。引用文には原則として末尾に出典を注記する。順次増補が可能なように、項目ごとに丁または面を改めて、余白を取っている。実際、同じ項目内で墨色や書体が異なるものが混じる場合がある。**特徴ある書風は、建仁寺の塔頭両足院の主として安土桃山時代に活躍し、その書写・編集した書物が今も多く同所に伝わる梅仙東通（一五二八〜一六〇八）の筆跡とみられる**（ただし第九二丁裏の「韋応物」の項目のみは筆跡が異なり、江戸前期頃の後人の追加であろうか）。さまざまな詩文の作成に備えるための自家製類書とでも言うべき本書に類似した編著は、五山において多くの学僧が行っていて、両足院にも多数伝来する。そのなかで本書がいつ、どのような経緯で古梅園にもたらされたのかは不明。

報告書には、解説で言及された「韋応物」と「司馬温公」の見開き一丁分の写真版が掲げられている。写真画像が不明瞭で、判然としないものの、排列や引用される記述は一見して『名庸集』とは異なるようである。引用の傍線部、室町時代末期に文才を誇り、相国寺の西笑承兌や有節瑞保など多くの学僧からも敬慕された梅仙東通の学問的背景を窺い知ることの意義は大きいものの、相国寺塔頭に所蔵される複数の『名庸集』の存在は、こうした著作が禅僧個人の学問的指向や興味関心という段階から一歩進んで、相国寺内で組織的に編纂されていた可能性を想起させる点で非常に興味深いのである。

ここでは更に踏み込んで「組織的に編纂」と仮定した理由を説明したい。

先掲〔諸儒便覧〕解題で堀川氏も指摘されるように、こうした類書編纂の事例は五山禅林をはじめとする他の禅宗寺院でも見られることから、私は当初、後水尾院が鳳林から相国寺山内の優れた取り組みを聞き及び、持ち前の好奇心から、その成果を確認すべく差配されたのだと想像していた。しかし、これだけ多くの伝本が相国寺塔頭に残されているという事実を目の当たりにしたとき、その仮説は誤りで、そもそも後水尾院の号令のもと、相国寺の山内プロジェクトとして企画、遂行された取り組みのように思われてきた。たとえば後水尾院の父帝、後陽成天皇は名所を詠じた古歌を集成、名所歌集を編纂し、その書名に漢籍の『方輿勝覧』を冠して『方輿勝覧集』と名付けた。『方輿勝覧』とは五山禅林でも広く利用されていた中国南宋の祝穆編の地理書である。祝穆は室町時代以降、日本で広く受容された『古今事文類聚』の編纂者としても知られるが、未知の中国の地理情報に出遭ったとき、禅僧が最初に手を伸ばすのが『方輿勝覧』なのであった。こうした汎用性の高い類書は、室町時代末期から江戸時代初期に至って、禅林だけでなく、京都の知識階級に普及し、広く享受されていたことが知られる。あるいは後水尾院はそうした先例も勘案し、『氏族大全』や『詩学大成』、『韻府群玉』などの情報を人名別に統合したインデックスの作成を志向したのではなかろうか。実際、後水尾院のこうした興味関心は寛文十二年（一六七二）の『易然集』や延宝八年（一六八〇）版行の後水尾院第十皇子である堯恕法親王の著作『僧伝排韻』の成立に結実するのだが、その前段として相国寺における『名庸集』編纂事業を位置付けることは、決して誤りではないように思われる。

もし後水尾院の「勅命」を承けて鳳林が動いたのであれば、他の文事と同様、『隔蓂記』に記されないとは考えにくいため、現段階で院の積極的な関与を想定することには慎重でなければならない。「相国寺の山内プロジェクトとして企画、遂行」と記した所以である。しかしそれを裏付ける証左も現在のところ見出せていない。しかし近世初期の相国寺が、後水尾院と不即不離であったこと、とくに寛永年間以降、足利将軍家に替わる新たなパトロンとして院が相国寺に君臨したことを考えると、決して妄想とは片付けられない魅力的な仮説のように思われる。

本多氏の活躍で、知られざる「近世の相国寺」の実相が次第に解き明かされつつある。『名庸集』成立の契機も明白となる日は近いように思われる。

本多潤子　HONDA Junko

天啓集仗による近世相国寺一山派の復興
三祖師頂相制作を中心に

相国寺の各塔頭は属する僧侶の法系をもとに、山内のいずれかの門派に属している。主たる門派は相国寺中興の祖、西笑承兌を輩出した常徳派であるが、一山一寧の流れを汲む一山派も近世に天啓集仗を輩出しその命脈を今に保っている。本論は一山派の塔頭、瑞春院に伝来する頂相から、近世の相国寺一山派の動向を探る。

はじめに

相国寺は勧請開山に夢窓疎石を仰ぎ、第二世にその弟子春屋妙葩、第三世に空谷明応と、夢窓の法系に連なる僧が住持をつとめ、夢窓派が大勢を占めていた。そのような状況の中、異なる法系から第四世住持が誕生した。一山一寧の法嗣、雪村友梅（一二九〇～一三四六）の印可を受けた一山派（相国寺では雲頂派とも称する）の僧侶、太清宗渭《たいしんそうい》（一三二一～九一）である。現存する相国寺塔頭のうち、瑞春院と玉龍院《ぎょくりゅういん》が一山派に属しており、両院伝来の什物もまた一山派の特徴を濃く反映している。本稿ではその相国寺一山派の近世期における活動を瑞春院第六世天啓集仗《てんけいしゅうじょう》の頂相制作を中心に確認していく。

天啓集仗について

まずは天啓集仗（一六四一～一七一六）の略歴を確認する。相国寺関係資料では、鳳林承章（一五九三～一六六八）の『隔蓂記』(1)慶安五年（一六五二）三月十七日条に瑞春軒の喝食として登場、以後度々登場する。明暦二年（一六五六）七月三日には鳳林のもとに訪れ、蔵主に転位した報告をしている。また、『萬年山聯芳録』(2)巻之三「瑞春院附雲頂院」項には、その出自や『隔蓂記』以後の天啓の出世とゆかりの什物が記される。

第六世天啓集仗

諱集仗、字天啓、京師人、姓藤原、前亜相清閑寺共綱卿第三子、幼投一洞受業、参慈雲玉英、嗣一洞、住当軒、寛文九年、至節秉払、十二年八月二十日、位等持西堂、十八年臘月十八日、受玉英印契、元禄元年正月二十四日、受本寺公帖、十一月十日、選碩学、補朝鮮修文職、二年二月十日、視篆開堂、三年四月、住対州以酊庵、九年二月八日、陞南禅、享保元年冬示病、十一月八日至節、光源院閑田執払、師力病御輿臨鑑、病遽革、十一日示寂、世寿七十五、塔于当軒塋域、師係于有栖川幸仁親王外戚、嘗稟請親王、仮台翰写　後水尾上皇宸影、且奏請　霊元天皇勅讃、納之本山宝庫、元禄十二年十二月七日也、（略）

さらに相国寺本山に現存する什物には複数の天啓ゆかりの什物が伝来する。相国寺に現存する公帖群には、寛文十三年（一六七三）徳川家綱発給の天啓宛等持寺住持職の公帖、同年天啓宛景徳寺住持職の公帖、貞享二年（一六八五）徳川綱吉発給の天啓宛相国寺住持職の公帖、元禄九年（一六九六）徳川綱吉発給の天啓宛南禅寺住持職の公帖などが確認できる。諸山、十刹、五山住持と着実な出世がうかがえる。なお、天啓宛に相国寺住持の公帖が発給されているが、現在の相国寺寺住持位次にはその名は記載されていない。

また、清閑寺共綱の娘が後西天皇に典侍として仕え、有栖川宮幸仁親王や理豊女王を生んだことから、外戚として有栖川幸仁親王と親しく交流し、その縁から寺にもたらされた什物も多い。聯芳録にも記された〈後水尾天皇像〉［図01］の内箱蓋裏には、

一品式部卿幸仁親王写照　前代住持天啓和尚以元禄五年八月十五日奉安臘月七日賜此

とあり、本肖像画が天啓経由で本山にもたらされたことが明白である。なお、幸仁親王が父、後西天皇の追善のために貞享二年に書写した般若心経[3]も、本山へ天啓が喜捨した旨が箱の蓋裏に記されている。他、相国寺観音懺法に用いられた文室《ぶんしつ》宗言《そうげん》筆〈観音三十三変相図〉[4]三十三幅の中尊の表具裏に寄進者として名前が記されていることから、その制作にも中心的存在として携わっていたことが推測できる。さらに、相国寺法堂で厳修される涅槃会には元禄十五年（一七〇二）に作成された文室宗言筆〈涅槃図〉が用いられているが、こちらの旧表具に残る墨書も天啓集仗によるものであり、その関与がうかがえる。文室宗言による頂相は天啓が住持をつとめた瑞春院にも、複数伝来し、両者の関係を裏付ける[5]。

次に塔頭を確認すると、天啓集仗が第六世住持として活動拠点にした瑞春院に多くのゆかりの什物が伝来している。天啓自筆と表紙に記された語録『瑞春六世天啓大和法語』[6]が現存し、その行状が確認できる。また『一山派各院歴代記』にもその略歴が記される。そして天啓頂相も二幅伝来する。そのうちの一幅［図02］は宝永四年（一七〇七）の自賛を有し法嗣の瑞春院第七世、逸堂集俊（一六九四～一七三九）に与えたものである。またもう一幅も制作年は不明ながら自賛のある、一山派塔頭雲泉軒旧蔵品である。

【図01】…後水尾天皇像　元禄五年（一六九二）幸仁親王筆／元禄十二年（一六九九）霊元天皇賛　一幅
絹本著色　相国寺蔵

［図02］…天啓集仗頂相　自賛　一幅　絹本著色　宝永四年（一七〇七）　瑞春院蔵

天啓集仗による頂相制作

i 一山一寧頂相

瑞春院伝来の什物群のうち、祖師の頂相群に天啓の名が散見される。相国寺一山派の法系の出発点にあたる、

一山一寧─雪村友梅─太清宗渭

という三祖師の頂相がいずれも天啓によって製作され瑞春院に現存しているのである。

図03の一山一寧頂相は寛文六年（一六六六）十月二十五日の一山国師三百五十年遠忌にともなって制作された一幅である。鳳林承章の着賛があり、そこから天啓が鳳林へ揮毫を依頼したことが明らかである。さらに鳳林の日記『隔蓂記』にその遠忌の詳細が記されている。それによると、遠忌の九日前である十月十六日、鳳林のもとへ天啓が訪れ、一山国師像の自讃の書付を渡し、着賛を依頼している。それが本頂相であり、冒頭に一山一寧の自讃（『一山国師語録』所収）が鳳林承章によって揮毫されている。(7)

続いて同月二十一日には、一山派の玉龍院で三百五十年遠忌が修されたことが記される。そして二十五日には、本山法堂で諷経が行われた。この時掲げた一山一寧遺影は玉龍院伝来のものであった。行導、回向を済ませると一座で瑞春軒に移動、御影前で焼香をしている。つまり、本山法堂に一幅、そして瑞春軒に一幅、頂相が掛けられており、本図は瑞春軒に掛けられた一幅と考えられる。

なお、『参暇寮日記』によると、文化十三年（一八一六）十月二十五日にも相国寺法堂において一山の五百年遠忌が盛大に厳修されている。一山派が命脈を保ち続けていたことがうかがえよう。

ii 雪村友梅頂相

一山一寧の法嗣、雪村友梅（一二九〇～一三四六）の頂相も瑞春院に伝来する。着賛は元禄八年（一六九五）、建仁寺の第三一一世、松堂宗植（清住院）による。この年、相国寺本山で遠忌が修されたかは定かではないが、着賛に三百五十年遠忌にあたること、そのため天啓が本頂相を制作した旨が記されている。

なお、天啓集仗は雪村友梅を開山に仰ぐ兵庫県赤穂郡の相国寺派寺院、法雲寺《ほううんじ》の再興にも力を注いだ。当時無所属で荒廃していた法雲寺を、赤穂藩に相国寺派として申請し、復興させたのであ

【図03】…一山一寧頂相　鳳林承章賛　一幅　絹本著色　江戸時代　寛文六年（一六六六）　瑞春院蔵

【図04】…雪村友梅頂相　一幅　絹本著色　元禄八年（一六九五）賛　瑞春院蔵

る。このように天啓の一山派興隆にかける活動は京にとどまらなかった。

iii 太清宗渭頂相

太清宗渭（一三二一〜九一）は雪村友梅の印可を受けた一山派の僧侶である。相国寺第四世であり、夢窓派が大勢を占める相国寺で異なる法系から住持が誕生したことの意義は大きい。塔頭雲頂院《うんちょういん》の開祖であるが、天文二十年（一五五一）に雲頂院は罹災し、雲頂院第五世で瑞春軒開祖の亀泉集証によって瑞春院に併合される形となった。以後、太清宗渭の年忌は瑞春院が主となって厳修していたことが『一山派各院歴代記』などで確認できる。天啓在世時にも、盛大な遠忌が修されている。元禄二年（一六八九）五月十九日の三百年遠忌である。この遠忌を天啓は中心となって厳修した。前年に碩学に選出され学禄を得た天啓は、この年相国寺住持に任命される。前述の現存公帖に貞享二年（一六八五）徳川綱吉発給の天啓宛相国寺住持職の公帖があるため、この折は再住である。これは正月に、相国寺第百一世太虚顕霊に南禅寺住持の公帖が発給されたタイミングであり、相国寺本坊文書『列刹機縁並目子』に天啓の相国寺住持再住の同門疏の写しが残る。そしてこの年の五月十九日に太清の三百年遠忌を厳修したのである。

瑞春院所蔵の『瑞春第六世天啓大和尚法語』には、「太清和尚三百年忌粘香」が所収されてい

【図05】…太清宗渭頂相　一幅　江戸時代　十七世紀　絹本彩色　瑞春院蔵

天啓仗公座元寫
太清師祖之霊像
請題識自賛同
門老衲等厚拝手
書于萬年峯頭

る。「於法堂半斎之次挙揚」と割注がされていることから、当日に法堂で読みあげられた粘香を天啓が担当していたことがわかる。さらに太清三百年遠忌は『当院歴代年忌并諸院年忌記』[8]に興味深い内容が記録されている。それによると翌元禄三年が本来の正当の年にあたるが、天啓が朝鮮修文職として対馬の以酊庵に着任することが決まっていたため、その前年に法要を前倒ししたという。五月十八日が宿忌、十九日当日は本山の法堂を荘厳し催された。法座荘厳の図も残っており、画像の真前で法要が厳修されていることが確認できる。

なお、本頂相は延宝三年（一六七五）に示寂した相国寺第九九世愚渓等厚《ぐけいとうこう》の着賛があることから、それ以前に制作されたものであり、遠忌とは時期が異なる。ただ、三百年遠忌の直前に頂相が制作された記録がなく、現存する作例が他にないため、本頂相が遠忌に用いられた可能性は高い。

また、その着賛に、

> 天啓仗公座元寫／太清師祖之霊像／請題識自賛同／門老衲等厚拝手／書于萬年峯頭

とあり、天啓が座元時代から頂相制作を積極的に行なっていたことがうかがえる。外戚であった幸仁親王や理豊女王などが絵をよくし、頂相、仏画などにもその作例が複数確認できることもあり、天啓もまた、絵画制作に積極的であり、時には自らも絵筆をとったこともあったようである。

以上の三祖師頂相以外にも瑞春院や他の塔頭には天啓がかかわった頂相が複数伝来している。また、寺外にも天啓の着賛[9]がある頂相が現存する。京都大学総合博物館所蔵の相国寺第二世、春屋妙葩像と相国寺松鴎庵開祖、綿谷周瓞像などである。このように天啓は意欲的に頂相制作に取り組んでいた。『瑞春六世天啓大和尚法語』には、他に大きな遠忌の記録として、「佛光国師四百年忌粘香和」「貞享二乙丑中峰忌香語」「佛光国師四百年忌粘香和　於眞如」「雲渓和尚三百年忌粘香」「亀泉和尚二百年忌香語」などが散見する。これらの遠忌にかかわる頂相も当時は存在していたと考えられる。

玉龍院愚渓等厚の活動

なお、天啓が活躍した時期、一山派から相国寺住持が誕生している。第九九世愚渓等厚である。愚渓は寛永十六年（一六三九）に鳳林承章を戒師として剃髪、一山派玉龍院住持となり、寛文十一年（一六七一）より相国寺住持、延宝三年（一六七五）に示寂した。[10]玉龍院は雪村友梅の法嗣で相国寺第五世をつとめた雲渓支山（一三三〇～九一）を開祖とする塔頭である。しかし愚渓の二代前より相国寺の最大門派、常徳派出身僧が住持を歴任し、実質的には一山派の法脈は断たれていた。愚渓もまた、常徳派の鳳林承章のもとで出家し、『隔蓂記』にも常徳派僧と行動をともにする姿が散見される。

愚渓の足跡は前述の瑞春院の太清宗渭頂相への着賛の他、相国寺本山の祖師木像で確認できる。相国寺開山堂の夢窓疎石木像には、寛文七年（一六六七）に後水尾院の開山堂再興にあわせ、愚渓が修理した旨が背記として朱書されている。(11) さらに愚渓は寛文十一年（一六七一）に本山住持に着任すると、臨済と百丈禅師木像を新たに作成、寄進したことが各々の木像に記されている。(12) 両木像は天明二年の修理を経て現在も相国寺法堂に安置されている。その翌年、愚渓は対馬の以酊庵へ輪番で赴いている。天啓が絵画制作に注力したのに対し、愚渓は彫刻にも力を注いでいた。そしてそれは制作企画した自身の住持就任など転位出世を契機とする場合もあった。なお、愚渓は寛文元年（一六六一）三月十五日、鳳林承章に足利義満像を贈ったことが『隔蓂記』に記され、相国寺本山伝来の〈西笑承兌墨蹟 鹿苑忌香語〉も愚渓の寄進による。

このように、十七世紀は法系に関わる祖師像を中心に、属する僧侶によって制作が企画され、新たに什物に加わっていったのである。

まとめ

本稿では相国寺山内法系のうち、一山派に着目し、現存する什物からその活動を紐解いた。祖師の頂相制作は祖師の遠忌法要が機縁となる場合が多くあり、天啓集伩が活躍した十七世紀後半から十八世紀前半にかけても相国寺内で意欲的に遠忌供養が厳修され、関連する什物が制作されていた。後に天明の大火によって焼失し、記録のみで現存しない作品もあるが、この時代に制作された祖師像が今日の相国寺什物の頂相群の一角となっているのである。

なお、一山派のみならず相国寺各派でもその動きは活発であった。同時代の相国寺勝定派禅僧、光嶽中伝もまた特筆すべき活動を行っており、別稿に改めたい。

注

(1) 赤松俊秀氏の校訂により翻刻が出版されている（『隔蓂記』鹿苑寺、一九五八年）。

(2) 相国寺史料編纂委員会編『相国寺史料』別巻（思文閣出版、一九九七年）。

(3) 相国寺承天閣美術館『王朝文化への憧れ――雅の系譜』（二〇〇二年）。

(4) 相国寺承天閣美術館『いのりの四季――仏教美術の精華』（二〇二〇年）。

(5) 夢窓疎石頂相、中峰明本頂相等。文室宗言の「宗言」印については、鯨井清隆氏にご教示いただいた。また同型の「宗言」印が若狭の国松寺所蔵の文宝宗言筆〈十六羅漢図〉に確認できる。

(6) 『相国寺史料』四巻に「視篆本寺法語」など部分的に抄出された翻刻が掲載されている。

(7) 貌枯如柴心侶鐵　明々無法教人
只有嗔拳熱喝　石上要栽花
火中偏釣鱉　只此付玄機　不得輕漏泄
一山国師之末葉／瑞春主盟／天啓伩公
記室／命工令圖一山国師大和尚慈容／
就予請書国師之自讃／予與蔵局／有家
系之好／故不克辭／叨下禿毫云
寛文第六歳舎丙午小春下浣
前龍阜鳳林承章拝手書（印）

(8) 『相国寺史料』第三巻三三五頁より三三七頁まで翻刻が掲載されている。

(9) 京都大学文学部博物館編『日本肖像画図録』（京都大学文学部博物館図録　第三冊、京都大学文学部博物館、一九九一年）。

(10) 『相国寺史料』別巻、一二二頁に立項。

(11) 太上法皇修造祖塔之時
捨財奉修装
尊像伏願祖風永振
佛日重輝
寛文第七丁未三月吉辰
真如愚渓等厚九拝誌
院吉法師之末孫
大宮方大佛師右京進
種次装之

(12) 『相国寺史料』第三巻一二八頁に背記の翻刻が載る。

特集◉禅寺の学問

相国寺慈雲院本「対馬以酊眺望之図」の成立について

米谷均 YONETANI Hitoshi

早稲田大学商学部兼任講師。専門は中近世日朝・日明関係史。論文に「一六世紀日朝関係における偽使派遣の構造と実態」（『歴史学研究』六九七号、歴史学研究会、一九九七年）、「中世日明関係における送別詩文の虚々実々」（『北大史学』五五号、北大史学会、二〇一五年）、「朝鮮国王李芳遠あて「日本国王」足利義満書契」（『九州史学』一八八号、九州史学研究会、二〇二一年）などがある。

相国寺慈雲院に「対馬以酊眺望之図《つしまいていちょうぼうのず》」という詩画軸が所蔵されている。詩文僧として名高い梅荘顕常《ばいそうけんじょう》の詩が上段に記され、下段には相国寺大方丈の襖絵を作成した維明周奎《いめいしゅうけい》の眺望図が描かれている。そして上段の詩文の末尾に記された盈冲周整《えいちゅうしゅうせい》の跋文を読んでみると、この詩画軸の詩文と眺望図は、時をたがえて別々に作成され、最終的に盈冲周整によって一軸にまとめられたことが分かる。その成立過程はいかなるものであろうか。

はじめに

いわゆる詩画軸とは、漢詩と山水画が同じ掛軸に書かれているものを言い、中世の禅林世界で多く作成されたものである[1]。一般に、まず山水画があり、それを鑑賞した禅僧らが漢詩を詠み、別途仕立てた巻子に記すか、画幅の余白に書き込んだ。また詩文を記した巻子を裁断して、画幅の余白に貼付することもある。相国寺慈雲院《じうんいん》が所蔵する「対馬以酊眺望之図《つしまいていちょうぼうのず》」［図01］もまた、対馬の以《い》酊庵《ていあん》から府中湊《ふちゅうみなと》（現、厳原港《いずはらこう》）を眺望したと思しき山水画の上方に、詩文を記した色紙や巻子が貼付されて一軸となっているが、その成立過程はいささか複雑である。本稿は、この対馬を題材にした詩画軸の成立背景について論じたい。

本詩画軸の構成

本作品は三つの構成要素からなり、以下のものが一軸に貼付されている。

①梅荘顕常《ばいそうけんじょう》が詠んで款印を据えた色紙原本。
②維明周奎《いめいしゅうけい》が描いた山水画「対馬以酊眺望之図（以下「眺望図」と略称）」。
③盈冲周整《えいちゅうしゅうせい》が書写した梅荘顕常の詩、および周整の跋文と詩を記した巻子原本。

△竪亀　△白城　△海岸寺　△虎崎　△久田浦

▼立亀岩　▼虎崎

右のうち、梅荘顕常[2]（一七一九～一八〇一）は、言わずと知れた近世後期を代表する詩文僧であり、号を大《だい》典《てん》または蕉中《しょうちゅう》と言う。相国寺慈雲庵《じうんあん》の独峰慈秀《どくほうじしゅう》の法嗣で、伊藤若冲《いとうじゃくちゅう》や木村蒹《きむらけん》葭堂《かどう》など幅広い交遊を持ち、宝暦通信使（一七六四）来日の際には、詩文の応酬を重ねて日朝筆談集『萍遇《へいぐう》録《ろく》』[3]を遺した。また以酊庵《いていあん》輪番僧《りんばんそう》として、天明元年（一七八一）五月から同三年五月まで対馬に駐錫し、帰山後も朝鮮通交に関する諮問を松平定信《まつだいらさだのぶ》から受けている。寛政五年（一七九三）には、愛宕白雲寺《あたごはくうんじ》の六如慈《りくにょじ》周《しゅう》とともに、日本にあって清国には無い逸存仏典を寄贈しようと試みた。相国寺第一一三世住持。詩文集として『北禅詩草《ほくぜんしそう》』『北禅文《ほくぜんぶん》草《そう》』『北禅遺草《ほくぜんいそう》』『小雲棲詠《しょううんせいえい》物詩《ぶつし》』[4]などがある。

維明周奎[5]（一七三一～一八

〇八）は、相国寺光源院《こうげんいん》の南巌《なんげん》妙喬《みょうきょう》の法嗣であるが、学問の師は梅荘顕常であり、また絵画を伊藤若冲から伝授された。梅の絵を善く描いたと言い、相国寺大方丈を飾る梅の襖絵十二面を作成した。また同寺には文化五年（一八〇八）作成の「雪梅図」(6)双幅が、建仁寺両足院《りょうそくいん》には「墨梅図」双幅および「月夜墨梅図」(7)一幅が伝来している。相国寺第一一五世住持。

盈沖周整(8)（一七九五～一八六二）は、相国寺慈照《じしょう》院《いん》の松源中奨《しょうげんちゅうそう》の法嗣で、二度に渉って以酊庵輪番僧に任命され対馬へ駐錫した。すなわち文政八年（一八二五）四月から同十年四月と、天保六年（一八三五）四月から同八年四月までの二回である。相国寺第一二〇世住持。慈照院の富春軒《ふしゅんけん》に隠居した。詩文や偈頌を多く作成するも散逸したと言う。

△（以酊庵）　△戌所　△（中矢来）

［図01］…対馬以酊眺望之図（右下は以酊庵跡地の西山寺から見た厳原港の実景）

さて、①の「壬寅元旦《じんいんがんたん》」と題された七言律詩には、冒頭に関防印が、末尾に二種の款印「竺《ちく》常《じょう》」「大典《だいてん》」が押されており、梅荘顕常がしたためた原本である。この色紙は、③の横長の巻子の冒頭に貼付されており、その後に、盈沖周整によって筆写された梅荘顕常の七言律詩「秋興《しゅうきょう》」、五言律詩「遊久田浦《くたうら》」、七言律詩「初冬上竪亀巌《たてがめゆわ》」「偶作《ぐうさく》」の四首が続く。そして「右は梅荘和尚の曽《かつ》て対馬に在《あ》りて賦す所の諸篇也。謹んで此《こ》こに謄写し、以て題詞に充《あ》つ。余も亦た旧作有《あ》り。今昔を回想し、聊《いささ》か軸末に書す。蛇足の嘲《あざけ》りを免《まぬか》れざるのみ」との跋文が続き、最後に盈沖周整が詠んだ五言律詩を記し、末尾に「周整《しゅうせい》」「盈沖《えいちゅう》」の款印を押す。盈沖周整の詩の頸聯には「船は殊方《しゅほう》の景色《けしき》を載《の》せ　画《え》は同社の詩《うた》を工《えが》く」とあるところから、彼は「画」の景色を見ながらこの詩を詠んだのであろう。そしてこの「画」こそが、②の維明周奎による「眺望図」を指すものと思われる。

①と③にある漢詩は、全て梅荘顕常が以酊庵輪番中に詠んだ作品であることは、対馬駐錫中の詩作を収めている『北禅詩草』巻二・巻三などで確認できる。すなわち①の「壬寅元旦」は『北禅詩草』巻二第十九丁表に、③の「秋興」は『同』巻二第十六裏「其七」に、「遊久田浦」は『同』巻二第二十丁表に、「初冬上竪亀巌」は『小雲棲詠物詩』上巻第三十三丁裏に、「偶作」は『北禅詩草』巻三第十一丁裏に、若干の文字の異

款印画像

梅荘顕常

1 関防印「小云西《小雲栖》」

2 款印「竺常」

3 款印「大典」

盈冲周整

4 款印「周整」

5 款印「盈冲」

維明周奎

6 款印「周奎之印」

7 款印「維明」

同を含みながら、それぞれ収録されている。盈冲周整は、維明周奎の眺望図（②）を鑑賞し、梅荘顕常の詩を巻子（③）に筆写し、遺っていた色紙原本（①）をそれに貼付し、眺望図の上方に接ぎ合わせて一軸に仕立て上げたのであろう。

維明周奎「眺望図」について

「周奎之印《しゅうけいのいん》」「維明《いめい》」の款印が押された②の「眺望図」は、画面中央の下方に中矢来《なかやらい》の築堤を、上方に立亀岩《たてがめいわ》（竪亀巌《たてがめゆわ》）を、そして府中湊に数隻の帆船が停泊している様を描く。画面の右方には海《かい》岸寺《がんじ》の森と久田浦と虎崎《とらさき》の岬が、左方には以酊庵の境内と府中の町並みが描かれ、それぞれ重要箇所に、右から「久田浦」「虎崎」「海岸寺」「白《しら》城《き》（白木神社《しらきじんじゃ》）」「竪亀《たてがめ》」「戌所《じゅつしょ》（番所）」の註記が施されている。以酊庵の庭には敷物が敷かれ、複数の人間が筆硯や煎茶道具を備えて座しているため、恐らく詩会に興じている有様を描いたのであろう。しかし眺望地点が以酊庵の横あたりだと推定すると、画中の中矢来や立亀岩は実際にはこのように見えず、また以酊庵の境内から望んだ府中湊だと推定すれば、虎崎の位置が右下に下がり過ぎて不自然である。立亀岩［図02］の描写も実像と離れているため、この眺望図は、実景を描写したものではなく、想像に任せて作画した可能性が高い。そもそも画を描いた維明周奎は、対馬にやって来てこの絵を作成したのであろうか。

天明元年（一七八一）五月から同三年五月までの対馬における梅荘常顕の行跡は、相国寺禅《ぜん》集《しゅう》庵《あん》の橘洲祖剖《きっしゅうそほう》による毎日記『以酊庵雑録《いていあんざつろく》』(9)や、梅荘常顕の詩文集『北禅詩草《ほくぜんしそう》』巻二・巻三所収の詩作、ならびに『北禅文草《ほくぜんぶんそう》』巻四所収の「西海《さいかい》紀行《きこう》」「東帰紀行《とうききこう》」によって検証することができる。『以酊庵雑録』によれば、梅荘顕常の以酊庵赴任に随行した者は、筆頭僧（のちの「一老《いちろう》」）の橘洲祖剖の他、三名の会下衆《えげしゅう》の僧と二名の青侍《あおざむらい》であった。三名の会下衆の僧のうち、二人は『北禅詩草』巻二第二十丁表に登場する「喆《きつ》・策《さく》」すなわち景先顕喆《けいせんけんきつ》[10]と仙崖中策《せんがいちゅうさく》[11]である。この景先顕喆は、もともと相国寺慈照院の天淑顕台《てんしゅくけんだい》の門弟であったが、梅荘顕常が特に乞うて自らの弟子とし、その教授のもと、大いに詩才を発揮し、師の期待に応えたが、寛政四年（一七九二）に夭折した。仙崖中策は、相国寺長得院《ちょうとくいん》の伝厳中悦《でんげんちゅうえつ》の門弟であったが、梅荘顕常から学問を伝授され、景先顕喆とともに対馬へ同行した。しかし彼もまた天明八年（一七八八）に若くして死没した。もう一人の会下衆の僧は、『北禅詩草』巻三第五丁表に見える「喆・朴二子」のうち「朴《ぼく》」すなわち法諱を「■朴」と言う僧であるが、天明八年（一七八八）から相国寺慈雲庵代を勤めることとなる祖《そ》朴蔵主《ぼくぞうす》である可能性が高い。[12]ともあれ、梅荘顕常とともに対馬へ随行した僧のなかに、維明周奎がいないことは確実である。

維明周奎が『北禅詩草』に登場するのは、梅荘顕常が京に帰ってからのことである。巻三第一四丁裏に、「春初、維明・天真《てんしん》と鷹峰《たかがみね》空中庵に遊ぶ〈茶人空中《くうちゅう》が曽《かつ》て居す所也、今は小島《こじま》某の有と為《な》る〉」の題を持つ七言律詩があり、梅荘顕常は維明周奎とともに洛北鷹ヶ峰の空中庵《くうちゅうあん》に遊んだことを示している。また巻六第二丁裏に「維明の画《えが》く雪梅・月梅の双幅を題す」の七言律詩、第四丁表に「維明梅《うめ》を墨す〈枝幹は下に垂れ白雪は半ば封す〉」の五言絶句があり、維明周奎が得意とした梅図を題して梅荘顕常が詩作している。このように梅荘常顕が維明周奎の画作に接する機会を多く有してたことから想像すれば、帰山した梅荘常顕が、対馬の山水画の作成を維明周奎に依頼し、維明周奎は梅荘顕常から得た伝聞情報を頼りにして、想像力を駆使して描きあげた作品が、この「眺望図」となったのではなかろうか。

おわりに

そして盈冲周整は、後年この「眺望図」を見出し、梅荘顕常の詩を巻子に筆写し、伝存していた原詩色紙とともに貼付したのであろう。ただし盈冲周整がいつ、これらの詩を写したのか、寛政二年（一七九〇）刊『小雲棲詠物詩《しょううんせいえいぶつし》』や同五年刊の『北禅詩草』などから摘記して筆写したのか否か、については不明である。跋文の内容から想像すれば、盈冲周整が以酊庵輪番僧の役目を終えた文政十年（一八二七）四月か、天保八年（一八三七）四月以降に、対馬で過ごした往時を回顧してこの詩画軸を仕立てたのではなかろうか。そして盈冲周整が相国寺慈照院富《ふ》春軒《しゅんけん》に隠居するとともに、この詩画軸も同軒の所蔵に帰した。明治一二年（一八七九）、慈照院住持交代の際に作られた『新住江交代別品目録』[13]には、「以酊菴ノ図　維明筆　壱幅」と、本作品の存在を確認できる。これが現在、慈雲院の所蔵となった理由は、明治二九年（一八九六）に同院が寺地を富春軒に移したため、富春軒の旧蔵品が慈雲院の什物として組み入れられたためである。そして盈冲周整の旧蔵の詩画軸が、慈雲院（慈雲庵）ゆかりの人物である梅荘顕常の詩が貼付または筆写された作品であったことは、まことに奇遇であったと言うべきであろうか。

注

（1）島田修二郎・入矢義高監修『禅林画賛』（毎日新聞社、一九八七年）。

（2）梅荘常顕に関する近年の研究動向については、池内敏『絶海の碩学』（名古屋大学出版会、二〇一七年）三二五頁を参照されよ。また梅荘常顕の経歴については、『万年山聯芳録』（相国寺史料別巻、思文閣出版、一九九七年）一八六頁も参照のこと。

（3）金文京「『萍遇録』と「蒹葭堂雅集圖」――十八世紀末日朝交流の一側面」（『東方学』一二四、二〇一二年）。

（4）本稿で用いた梅荘常顕の詩文集は、全て国立公文書館内閣文庫本である。

（5）注2『万年山聯芳録』一七四頁。

（6）図録『梅の余薫　相国寺の歴史と寺宝』承天閣美術館、二〇二二年）六頁。

（7）図録『両足院』（花園大学歴史博物館、二〇二〇年）八五・八六頁。

（8）注2『万年山聯芳録』一五〇頁。

(9)　大韓民国国史編纂委員会蔵。その概要は、注2池内書、四一頁を参照。
(10)　小島文鼎『大典禅師』(同朋舎、一九二七年)三九九頁。
(11)　注10小島書、四〇四頁。
(12)　『参暇寮日記』五五(『相国寺史稿』六、思文閣出版、一九九〇年)五〇一頁。
(13)　相国寺慈照院蔵。

後記　注2『万年山聯芳録』や、注6図録および注12・13史料については、承天閣美術館学芸員の本多潤子氏より多大な御教示を受けた。また左記の「以酊眺望之図」の読み下しについては村井章介氏より添削を受けた。篤く感謝したい。

「以酊眺望之図」翻刻と読み下し

梅荘顕常自筆色紙

(❶関防印)

壬寅元旦
海天初景一悠々
山色當窓宿霧収
寒谷未聞黄鳥至
暖波先見白鴎浮
祝延遥向宮中日
望拝還思塔下流
不淂故林正會共
且繙真詮此同修
顕常草、
(❷印)(❸印)

壬寅元旦(天明二年元旦)
海天《かいてん》の初景《しょけい》一《ひとえ》に悠々《ゆうゆう》
山色《さんしょく》窓《まど》に当《あ》たりて宿霧《しゅくむ》収《おさ》まる
寒谷《かんこく》未《いま》だ聞《き》かず黄鳥《こうちょう》の至《いた》るを
暖波《だんぱ》先《さき》に見《み》る白鴎《はくおう》の浮《う》かぶを
祝延《しゅくえん》遥《はる》かに向《む》かう宮中《きゅうちゅう》の日《ひ》
望拝《ぼうはい》還《かえ》って思《おも》う塔下《とうか》の流《ながれ》
故林正会《こりんせいかい》共《とも》にするを得《え》ず
且《まさ》に真詮《しんせん》を繙《ひもと》いて此《こ》こに同修《どうしゅう》す
顕常《けんじょう》、草《そう》す

盈冲周整による梅荘顕常の詩の筆写・跋文・自作の詩

秋興
千古山城碧海涯
沿岩縁谷幾人家
虎崎風急濤聲壮
亀石雲生雨足斜
宿鳥過波歸井樹
流螢随月入窓紗
眼看物異還時異
両鬢添成鏡裏華

秋興《しゅうきょう》
千古《せんこ》の山城《さんじょう》碧海《へきかい》の涯《はて》
岩《いわ》に沿《そ》い谷《たに》に縁《よ》り幾《いく》ばくの人家《じんか》
虎崎《とらさき》に風《かぜ》は急《きゅう》にして濤《なみ》の声《こえ》は壮《つよ》し
亀石(竪亀巌)に雲《くも》は生《しょう》じて雨足《あめあし》は斜《なの》めなり
宿鳥《しゅくちょう》は波《なみ》を過《す》ぎて井樹《せいじゅ》に帰《かえ》り
流螢《りゅうけい》は月《つき》に随《したが》い窓紗《そうしゃ》に入《い》る
眼《まなこ》に看《み》る物《もの》は異《い》にして還《ま》た時《とき》も異《い》なるを
両鬢《りょうびんまし》添て鏡裏《きょうり》の華《はな》と成《な》れり

遊久田浦
枯藜携少長
歩々轉清灣
岸樹低臨水
沙鴎去映山
蒲帆滄海口
茆屋翠微間

久田浦《くたうら》に遊《あそ》ぶ
枯藜《これい》少長《しょうちょう》を携《たずさ》え
歩々《ほほ》清湾《せいわん》に転《てん》ず
岸樹《がんじゅ》は低《た》れて水《みず》に臨《のぞ》み
沙鴎《さおう》は去《さ》りて山《やま》に映《は》ゆ
蒲帆《ほはん》は滄海《そうかい》の口《くち》にあり
茆屋《ぼうおく》は翠微《すいび》の間《あいだ》にあり

潮落風方静　潮落《しおお》ちて風《かぜ》は方《まさ》に静《しず》かなり
日長人自閑　日《ひ》は長《なが》く人《ひと》は自《おのずか》ら閑《しず》かなり
幽懐樂木石　幽懐《ゆうかい》木石《ぼくせき》を楽《たの》しみ
孤旅忘郷關　孤旅《こりょ》郷関《きょうかん》を忘《わす》る
飲讌氍毹坐　飲讌《いんえん》して氍毹《くゆ》に坐《ざ》せば
昏黄且未還　昏黄《こんこう》に且《まさ》に未《いま》だ還《かえ》らず

初冬上竪亀巌、先是重九日欲登不果

初冬《しょとう》、竪亀巌《たてがみゆわ》に上《のぼ》る。是《こ》れより先《さき》、重九《ちょうきゅう》の日《ひ》に登《のぼ》らんと欲《ほっ》して果《は》たさず。

雙亀竦立海之隅　双亀《そうき》は竦立《しょうりつ》す海《うみ》の隅《すみ》に
是日遨遊似相須　是《こ》の日《ひ》遨遊《ようゆう》して相須《あいま》つに似《に》たり
萬里形容金策老　万里《ばんり》の形容《けいよう》金策《きんさく》老《お》い
千秋氣象白雲孤　千秋《せんしゅう》の気象《きしょう》白雲《はくうん》孤《こ》なり
偶追新霽依青嶂　偶《たま》た追《お》う新霽《しんせい》青嶂《せいしょう》に依《よ》り
不恨佳辰負紫萸　恨《うら》まず佳辰《かしん》紫萸《しゆ》に負《お》うを
恍尓補陀岩上思　恍爾《こうじ》たり補陀岩上《ふだがんじょう》の思《おも》い
回頭減界幾榮枯　頭《こうべ》を減界《げんかい》に回《めぐ》らせば栄枯《えいこ》は幾《いくば》くぞ

偶作　偶作《ぐうさく》

紺園稀客掩烟蘿　紺園《こんえん》に客稀《きゃくまれ》にして烟蘿《えんら》を掩《おお》う
官況那妨禅況多　官況《かんきょう》那《なん》ぞ妨《さまた》げん禅況《ぜんきょう》の多《おお》きを
大海觀成薩婆若　大海《たいかい》観《みわた》せば薩婆若《さはにゃ》と成《な》り
孤山坐似補陀羅　孤山《こざん》坐《ざ》せば補陀羅《ふだら》に似《に》たり
渓間日落樵人少　渓間《けいかん》日《ひ》落《お》ちて樵人《しょうじん》少《すく》なし
浦上風閑舟子歌　浦上《ほじょう》風《かぜ》閑《しず》かにして舟子《しゅうし》歌《うた》う
眼底悠然今與古　眼底《がんてい》悠然《ゆうぜん》たり今《いま》と古《いにしえ》と
白雲明月竟如何　白雲明月《はくうんめいげつ》竟《つい》に如何《いかに》せん

右梅荘和尚曽在對馬所賦諸篇也、謹此謄寫、以充題詞、余亦有舊作、回想今昔、聊書軸末、不免蛇足之嘲而已、

右《みぎ》は梅荘和尚《ばいそうおしょう》の曽《かつ》て対馬《つしま》に在《あ》りて賦《ふ》す所《ところ》の諸篇也《しへんなり》。謹《つつし》んで此《こ》こに謄《とう》写《しゃ》し、以《もっ》て題詞《だいし》に充《あ》つ。余《よ》も亦《ま》た旧作《きゅうさく》有《あ》り。今昔《こんじゃく》を回想《かいそう》し、聊《いささ》か軸《じく》末《まつ》に書《しょ》す。蛇足《だそく》の嘲《あざけ》りを免《まぬか》れざるのみ。

官刹臨亀浦　官刹《かんさつ》亀浦《きほ》に臨《のぞ》み
鬱襟相對披　鬱襟《うっきん》相対《あいたい》して披《ひら》く
燕鴻来去日　燕鴻《えんこう》来去《らいきょ》の日《ひ》
賓主送迎時　賓主《ひんしゅ》送迎《そうげい》の時《とき》
船載殊方景　船《ふね》は殊方《しゅほう》の景《けしき》を載《の》せ
画工同社詩　画《え》は同社《どうしゃ》の詩《うた》を工《えが》く
江山唫不盡　江山《こうざん》吟尽《ぎんつ》きず
風月思無涯　風月《ふうげつ》思《おも》い涯《はて》無《な》し

小白斎周整（4印）（5印）　小白斎周整《しょうはくさいしゅうせい》

［図02］…立亀岩。60代の梅荘顕常が二度にわたって登頂を試みた岩。

片山真理子
KATAYAMA Mariko

花園大学歴史博物館「両足院――いま開かれる秘蔵資料――」

京都における五山文化の中枢を担い、
また、対朝鮮外交を司る碩学を多数輩出した両足院。
悉皆調査の成果により明らかになった知見とともに
禅寺の学問を伝える両足院所蔵の貴重資料を紹介する。

はじめに

花園大学歴史博物館での展覧会「両足院――いま開かれる秘蔵資料――」(二〇二一年十一月二十九日～翌年二月三日)は両足院の歴史そのものを取り上げたもので、名品展ではない。本展示は、両足院が所蔵する絵画、書跡、書物を学内の収蔵庫で預かり、悉皆調査を実施したという稀な機会を得たことがはじまりである。そもそも両足院には、建仁寺開山・明庵栄西《みょうなんようさい》の頂相《ちんそう》[図01]をはじめ、長谷川等伯筆「竹林七賢人図」(六曲一双)や伊藤若冲筆「雪梅雄鶏図」、谷文晁筆「撫子図」をともなうやきもの、仁阿弥道八作手焙が伝来していることは御承知のとおりである。両足院の文化財の調査や展覧会は花園大学の調査以前からはじめられており、代表的なものは京都国立博物館が社寺調査を行い、二〇〇二年には「栄西禅師開創八〇〇年記念　特別展覧会　京都最古の禅寺　建仁寺」が京都国立博物館その他で開催された。俵屋宗達筆「風神雷神図」屏風や建仁寺山内塔頭伝来の作例とともに両足院所蔵伝如拙筆罕贍叟・正宗龍統賛「三教図」や『東坡集』、朝鮮絵画である金有聲筆「李賀騎馬図」が公開された。また、京都国立博物館の研究では『社寺調査報告二一八　両足院(建仁寺塔頭)』(二〇一八年)も報告されている。彫刻、絵画、書跡、金工、漆工、染織の分野でリストが公開され、主要の作例については画像と解説文も付された。このほかに(後述する)、科研費によって書物の目録を制作するために京都国立博

花園大学歴史博物館研究員(東京藝術大学美術学部附属古美術研究施設非常勤講師)。専門は朝鮮の美術工芸史。論文および図録編集は「朝鮮の華角工芸をめぐって」(『有光教一先生白寿記念論叢』高麗美術館研究所、二〇〇六年十一月)、『花卉草蟲展』(高麗美術館、二〇一一年七月、韓国国立中央博物館より図録制作助成)、「両足院と対馬――以酊庵輪番僧がもたらしたもの」(『対馬の外交I 以酊庵――京都両足院秘蔵資料にみるその役割』対馬博物館、二〇二二年四月)などがある。

[図01]…明庵栄西像 絶海中津賛 一幅 絹本著色 南北朝～室町時代（十四～十五世紀） 両足院蔵

[図02]…龍山徳見像 高峰東晙賛 一幅 絹本著色 江戸時代（十七～十八世紀） 両足院蔵

物館の赤尾栄慶が代表となり、金文京、堀川貴司、米谷均など精鋭の識者が集結して、二〇〇四年から七年間に及ぶ大規模の調査が実施された。花園大学歴史博物館での調査はこうした先人たちの調査結果も対照しており、資するところが大きい。本展覧会に反映しているが、有意義な調査はそうした基盤があったからこそであり、また名品ばかりでない珍品も取り上げることが可能となった。

さて、本展の開催は当初二〇二〇年四月から開始の予定で準備を進めていたが、開催間際にコロナの流行で中止の決定が下された。それから一年半余の待機した。結果、相国寺承天閣美術館の特別展「禅寺の学問／相国寺の歴史と寺宝Ⅱ」（二〇二一年十一月二十三日～翌年年一月二十三日）と開催時期がほぼ重なるという奇遇にめぐりあった。こうした両足院の展覧会について、一過の余韻が覚めないうちに、掻い摘んだ小文を記しておく。

両足院の法灯

建仁寺の山内塔頭である両足院は龍山徳見《りゅうざんとくけん》禅師（一二八四～一三五八）[図02]を開基とし、龍山徳見は建仁寺開山、明庵栄西（一一四一～一二一五）から四代目の法孫にあたり、黄龍派につらなる法脈、師の法灯を連綿と堅持している。龍山徳見は弘安七年（一二八四）十一月二十三日に下総の香取で千葉氏一族として誕生。七十五で示寂。後に、法嗣が追請し、知足院（両足院の前名）として創建された。以後現住の二十三世に続く。

両足院の本山、建仁寺開山・明庵栄西については頂相をはじめ、『出家大綱附栄西入唐縁起』や栄西禅師墨蹟「法華経入真言決断簡」三幅のほか、栄西禅師の活動と思想について、後世の両足院住持・利峰東鋭筆『興禅護国論』［図03］、高峰東晙筆『興禅護国論和解』［図04］などが所蔵されており、栄西禅師の主著『興禅護国論』も筆写されている。「大哉心乎 天之高不可極也」ではじまる『興禅護国論』は栄西禅師が日本古来の仏教界

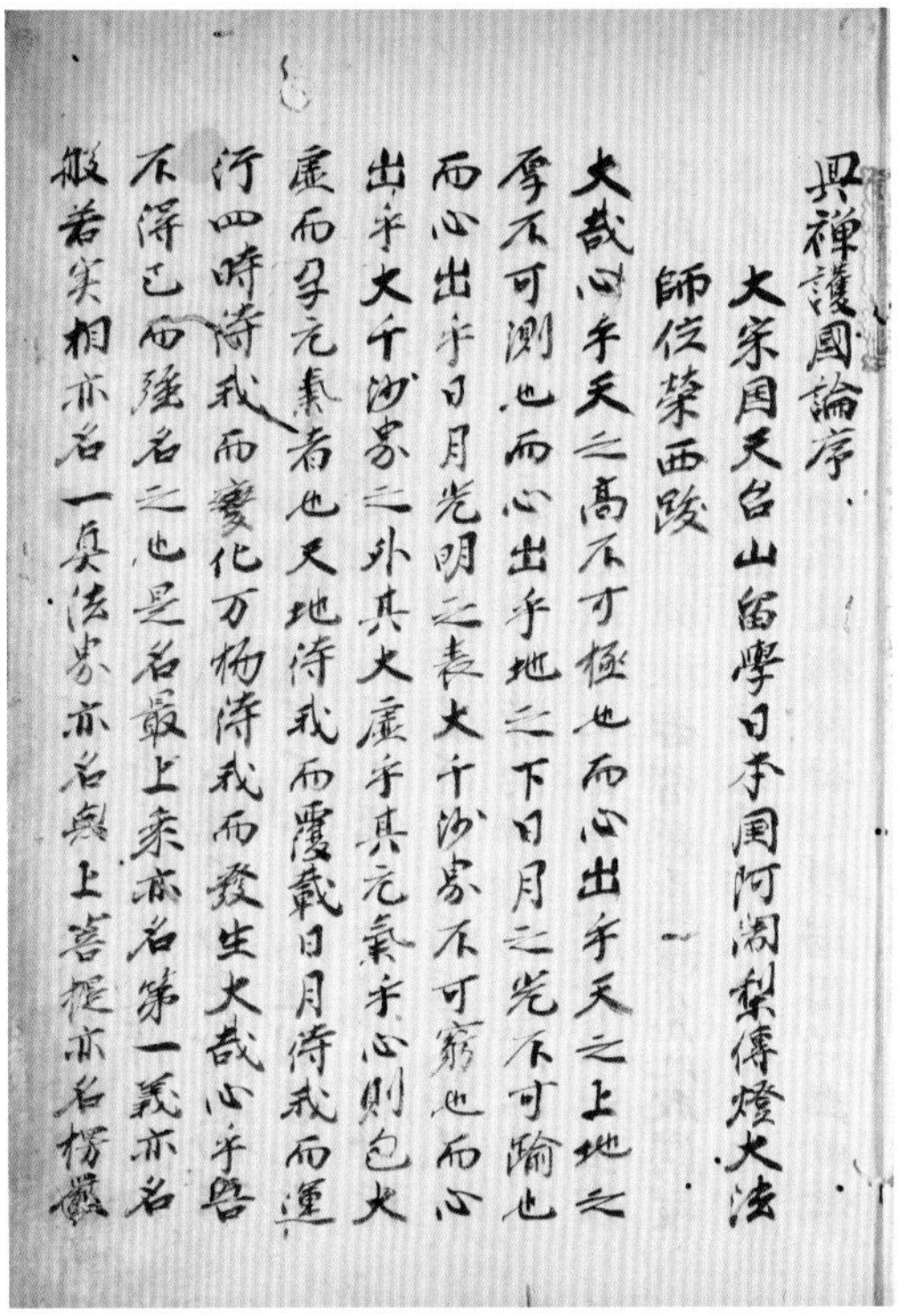
興禪護國論序
大宋国天台山留學日本国阿闍梨傳燈大法
師位榮西跋
大哉心乎天之高不可極也而心出乎天之上地之
厚不可測也而心出乎地之下日月之光不可踰也
而心出乎日月光明之表大千沙界不可窮也而心
出乎大千沙界之外其大虚乎其元氣乎心則包大
虚而孕元氣者也天地待我而覆載日月待我而運
行四時待我而變化万物待我而發生大哉心乎吾
不得已而強名之也是名最上乘亦名第一義亦名
般若実相亦名一真法界亦名無上菩提亦名楞嚴

［図03］…興禅護国論　利峰東鋭筆　一冊　紙本墨書
江戸時代（十七世紀）　両足院蔵

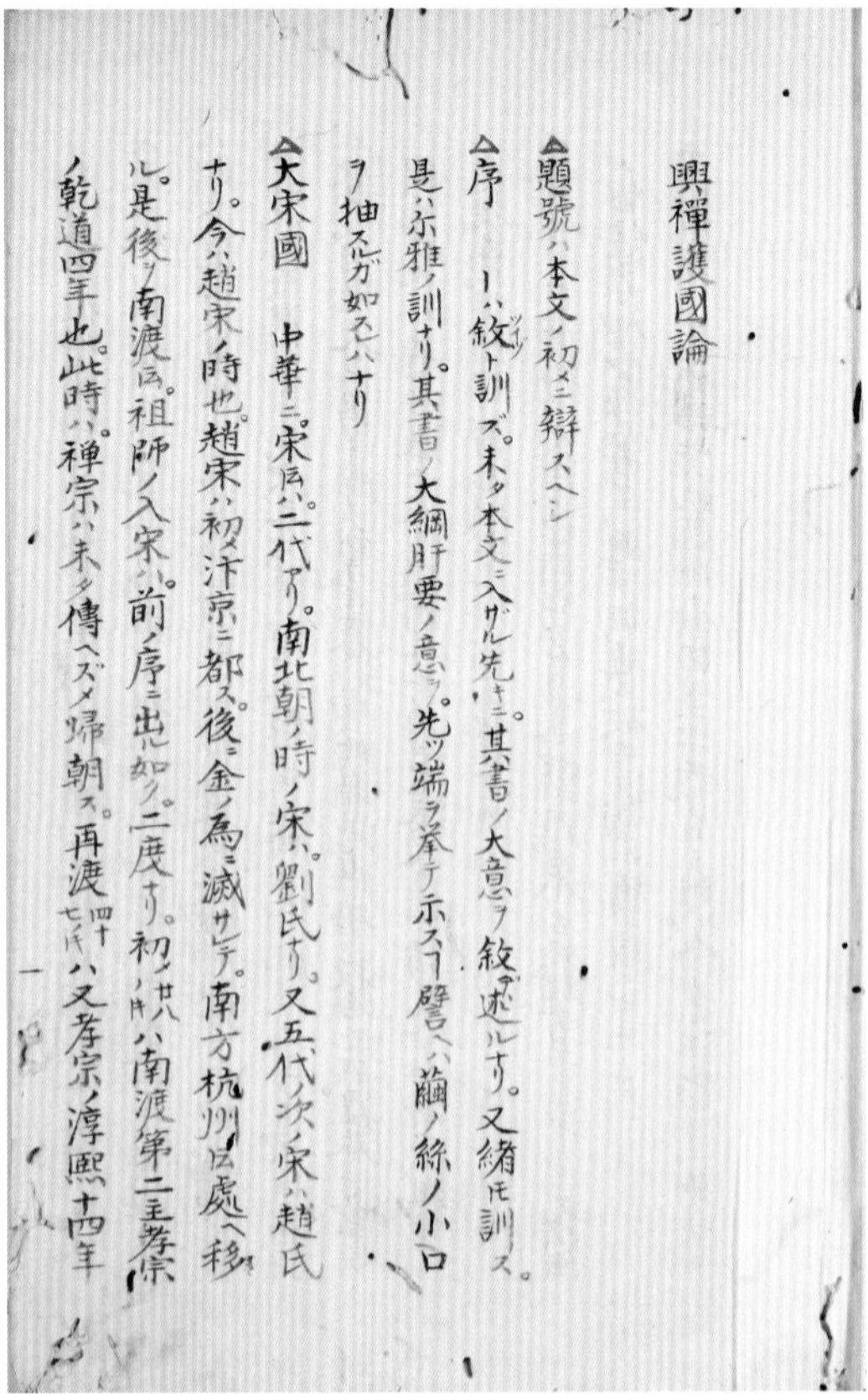
興禪護國論
△題號ハ本文ノ初メニ辯スヘシ
△序　ーハ敘ト訓ズ。未タ本文ニ入ザル先キニ其書ノ大意ヲ敘ベ述ルナリ。又緒トモ訓ス。
是ハ尓雅ノ訓ナリ。其書ノ大綱肝要ノ意ヲ。先ヅ端ヲ挙テ示スコト譬ヘハ繭ノ絲ノ小口
ヲ抽ズルガ如クハナリ
△大宋國　中華ニ宋ト云ハ。二代アリ。南北朝ノ時ノ宋ハ。劉氏ナリ。又五代ノ次ノ宋ハ趙氏
ナリ。今ハ趙宋ノ時也。趙宋ハ初メ汴京ニ都ス。後ニ金ノ為ニ滅サレテ。南方杭州ト云處ヘ移
ル。是後ヲ南渡ト云。祖師ノ入宋ハ。前ノ序ニ出ル如ク。二度ナリ。初メノ廿八ノ時ハ南渡第二主孝宗
ノ乾道四年也。此時ハ。禪宗ハ未タ傳ヘズシテ帰朝ス。再渡四十七ノ時ハ又孝宗ノ淳熙十四年
一

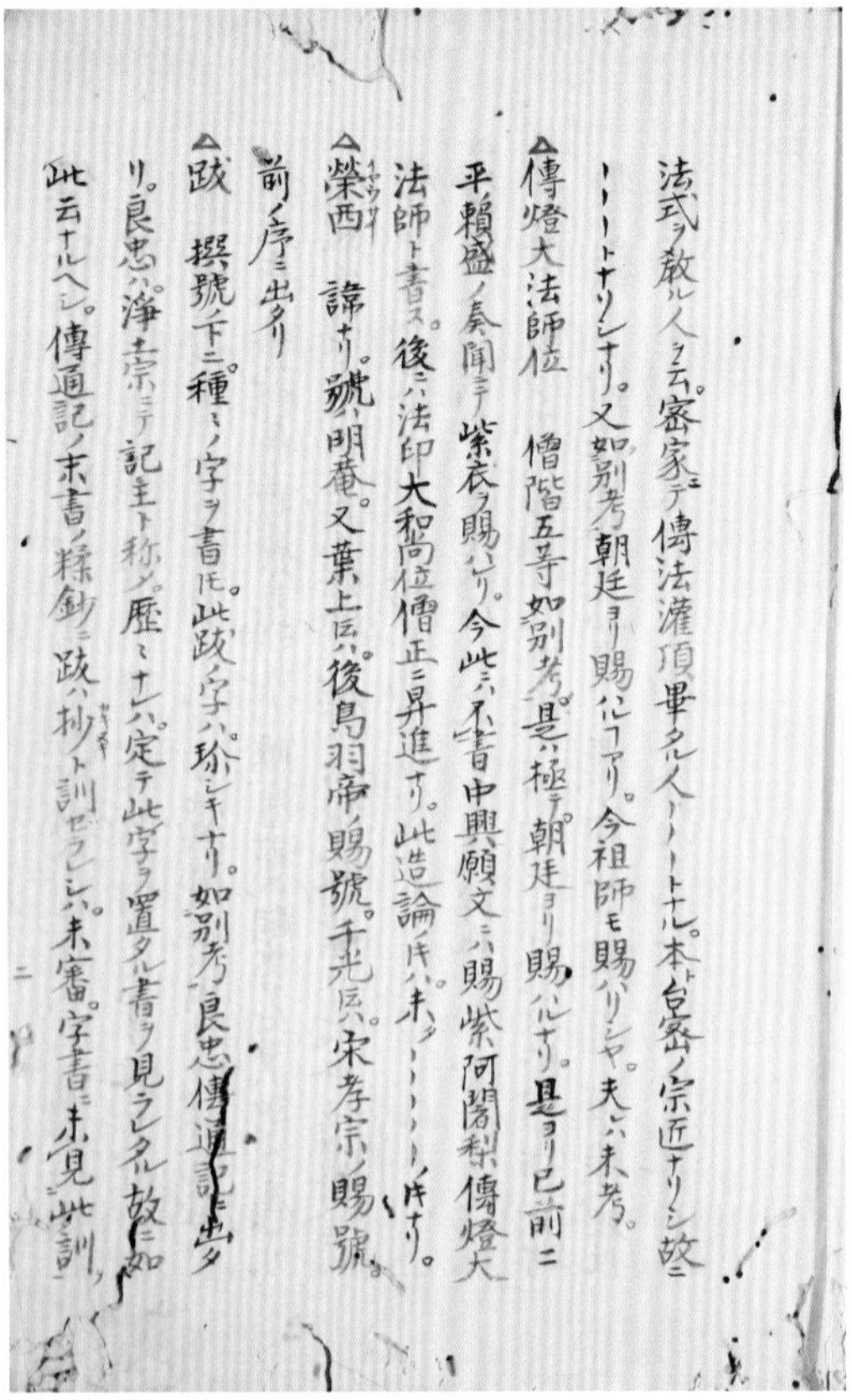
法式ヲ敬ル人ヲ云。密家テ傳法灌頂畢タル人ノーーートナル。本ト台密ノ宗匠ナリシ故ニ
ーーートナリシナリ。又如別考朝廷ヨリ賜ハルコトアリ。今祖師モ賜ハリシヤ。夫ハ未考。
△傳燈大法師位　僧階五等如別考。是ハ極テ朝廷ヨリ賜ハルナリ。是ヨリ已前ニ
平頼盛ノ奏聞ニテ紫衣ヲ賜ハリ。今此ニハ不書。中興願文ニハ賜紫阿闍梨傳燈大
法師ト書ス。後ニハ法印大和尚位僧正ニ昇進ナリ。此造論ノ時ハ未ターーーーノ時ナリ。
△榮西　諱ナリ。號ハ明菴。又葉上ト云ハ。後鳥羽帝賜號。千光ト云ハ。宋孝宗ノ賜號
前ノ序ニ出タリ
△跋　撰號下ニ二種ノ字ヲ書ケリ。此跋字ハ珍シキナリ。如別考良忠傳通記ニ出タ
リ。良忠ハ。浄宗ニテ記主ト称メ歴ミナルハ。定テ此字ヲ置タル書ヲ見ラレタル故ニ如
此云ナルヘシ。傳通記ノ末書ノ糅鈔ニ跋ハ抄ト訓ゼラレシハ。未審。字書ニ未見此訓ヲ
二

［図04］…興禅護国論和解　高峰東晙編　三冊　紙本墨書
江戸時代（十八世紀）　両足院蔵

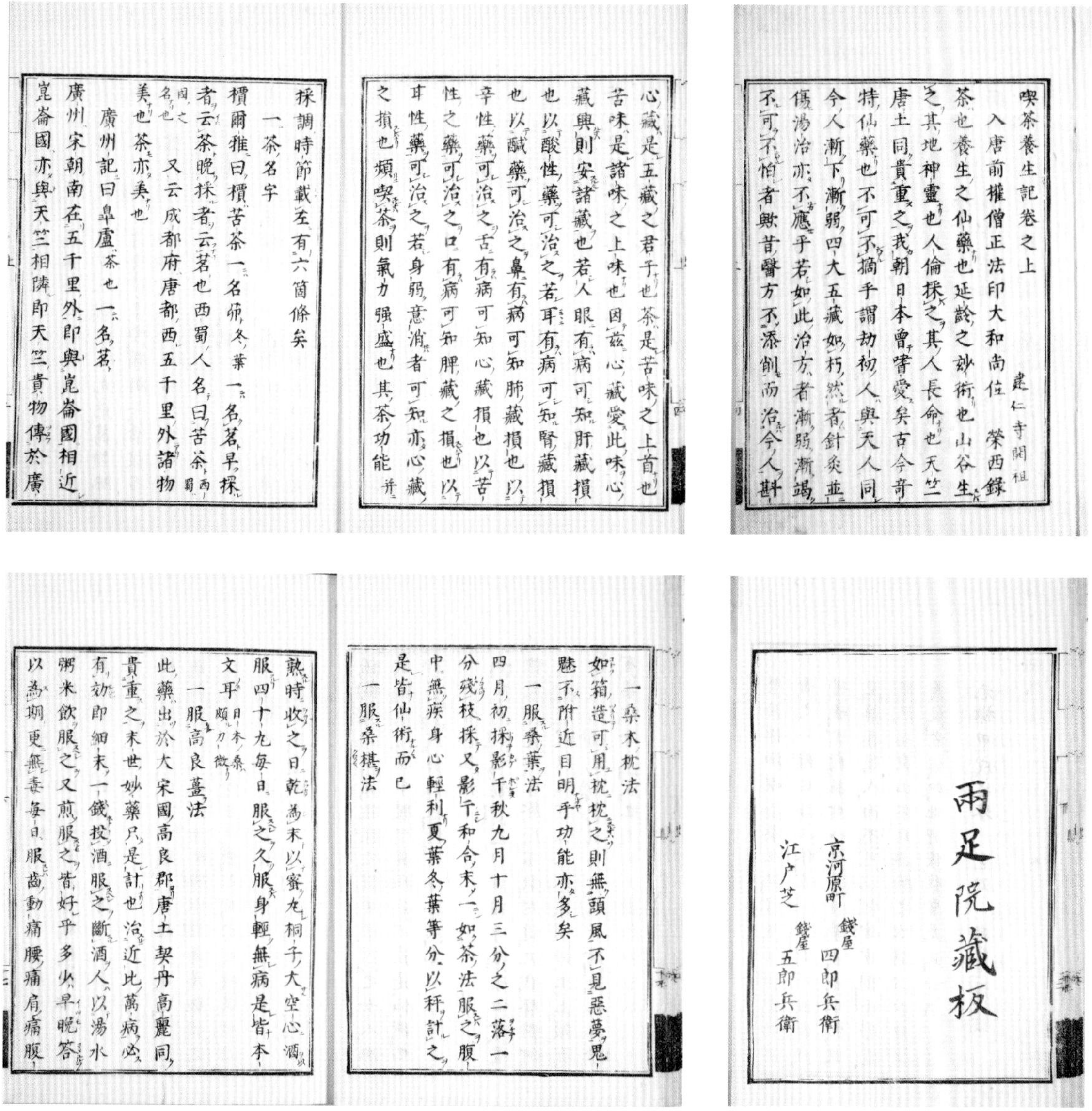
喫茶養生記巻之上　建仁寺開祖　榮西録
入唐前権僧正法印大和尚位
茶也養生之仙薬也延齢之妙術也山谷生之其地神霊也人倫採之其人長命也天竺唐土同貴重之我朝日本曾嗜愛矣古今奇特仙薬也不可不摘乎謂劫初人與天人同今人漸下漸弱四大五藏如朽然者針灸並傷湯治亦不應乎若如此治方者漸弱漸竭不可不怕者歟昔醫方不添削而治今人斟

心藏是五藏之君子也茶是苦味之上首也苦味是諸味之上味也因茲心藏愛此味心藏興則安諸藏也若人眼有病可知肝藏損也以酸性藥可治之若耳有病可知腎藏損也以鹹藥可治之鼻有病可知肺藏損也以辛性藥可治之舌有病可知心藏損也以苦性之藥可治之口有病可知脾藏之損也以甘性藥可治之若身弱意消者可知亦心藏之損也頻喫茶則氣力強盛也其茶功能并

採調時節載左有六箇條矣
一茶名字
檟爾雅曰檟苦茶一名荈（冬葉）一名茗早採者云茶晩採者云茗也西蜀人名曰苦茶（西蜀）
（因之）又云成都府唐都西五千里外諸物美也茶亦美也
廣州記曰皐盧（茶也）一名茗
廣州宋朝南在五千里外即與崑崙國相近崑崙國亦與天竺相隣即天竺貴物傳於廣

両足院藏板
京河原町　錢屋　四郎兵衛
江戸芝　錢屋　五郎兵衛

一桑木枕法
如箱造可用枕枕之則無頭風不見悪夢鬼魅不附近目明手功能亦多矣
一服桑葉法
四月初採影干秋九月十月三分之二落一分殘枝採又影干和合末之如茶法服之腹中無疾身心軽利夏葉冬葉等分以秤計之是皆仙術而已
一服桑椹法

熟時收之日乾為末以蜜丸桐子大空心酒服四十丸毎日服之久服身軽無病是皆本文耳（日本ノ桑ハ頗ル微）
一服高良薑法
此藥出於大宋國高良郡唐土契丹高麗同貴重之末世妙藥只是計也治近比萬病必有効即細末一錢投酒服之斷酒人以湯水粥米飲服之又煎服之皆好乎多少早晩答以為期更無忌毎日服歯動痛腰痛肩痛腹

［図05］…喫茶養生記　一冊　紙本木版　江戸時代　元禄七年（一六九四）　両足院蔵

から新たに渡来した禅への批判に対して誤解を解いている。戒律の再興と禅の興隆を目的として、禅宗は既成の仏教に反するのではなく、諸教の極理、別に一宗を立も妨げなし、として説いて信条を表明している。さらに後年の『興禅護国論和解』では、安永七年（一七七八）以前の寛文七年（一六六七）の刊本をもとにして誤字脱字を校訂し、仮名文字で「栄西《ヨウサイ》」とふり仮名を付して示し、栄西の読み方を検討する際の典拠として本書が用いられることで知られる。高峰の次世代にあたる嗣堂東緝（一七六六〜一八三六）も高峰示寂後の文化十年（一八一三）に漢文で『興禅護国論鑿竅』を著わしており、鎌倉時代に中国から渡ってきた禅宗文化が京都ではじめて開かれた禅寺・建仁寺の矜持をさらに強く堅持している。

栄西晩年の著作『喫茶養生記』は江戸時代元禄のころに版本（両足院蔵板）［図05］が刷られ、両足院には当時の版木が収蔵されている。「茶也養生之仙薬也 延命之妙術也」と二度の入宋で現地での喫茶の風習を会得した栄西が、帰国後にその効能を示して茶の植樹、製茶、喫茶の方法を伝えたものである。鎌倉殿三代の源実朝に一盞の茶をすすめ、本書を献じたところ、よろこばれたと伝わる。上下巻の本書の内容は上に五臓和合門、下に遣除

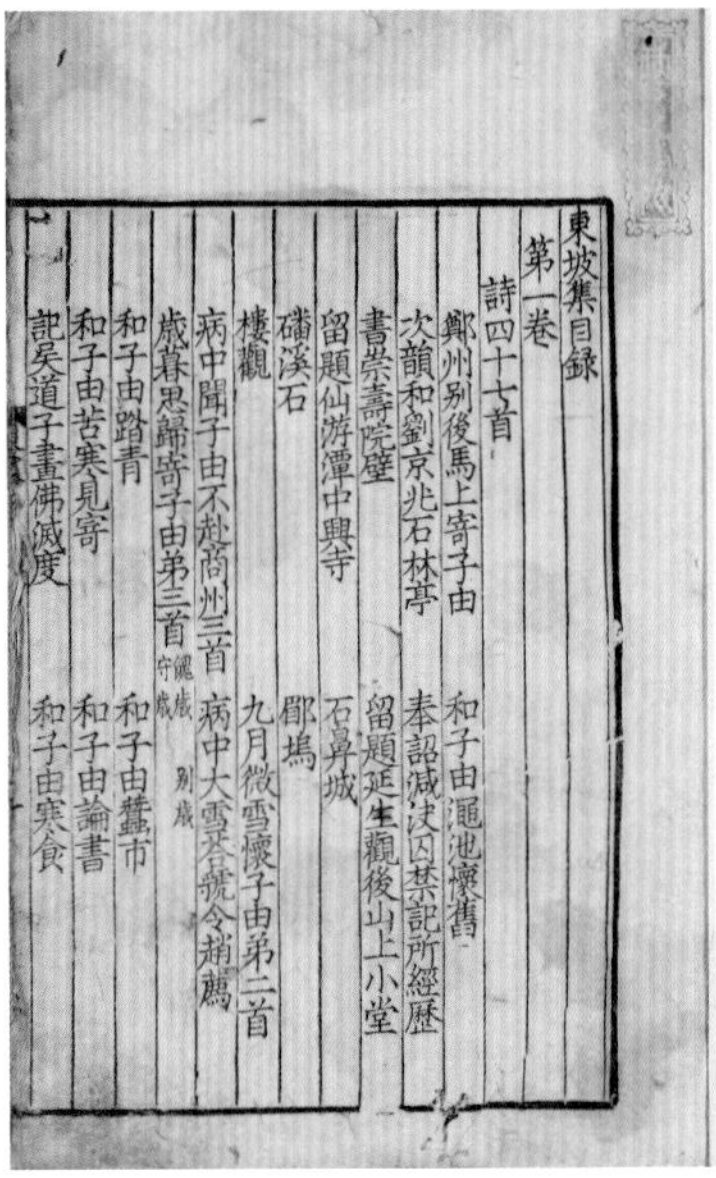
東坡集目録
第一巻
詩四十七首
鄭州別後馬上寄子由　和子由澠池懷舊
次韻和劉京兆石林亭　奉詔減決囚禁記所經歴
書崇壽院壁　留題延生觀後山上小堂
留題仙游潭中興寺　石鼻城
磻溪石　郿塢
樓觀　九月微雪懷子由弟二首
病中聞子由不赴商州三首　病中大雪荅虢令趙薦
歳暮思歸寄子由弟三首 饋歳 守歳 別歳
和子由踏青　和子由蠶市
和子由苦寒見寄　和子由論書
記呉道子畫佛滅度　和子由寒食

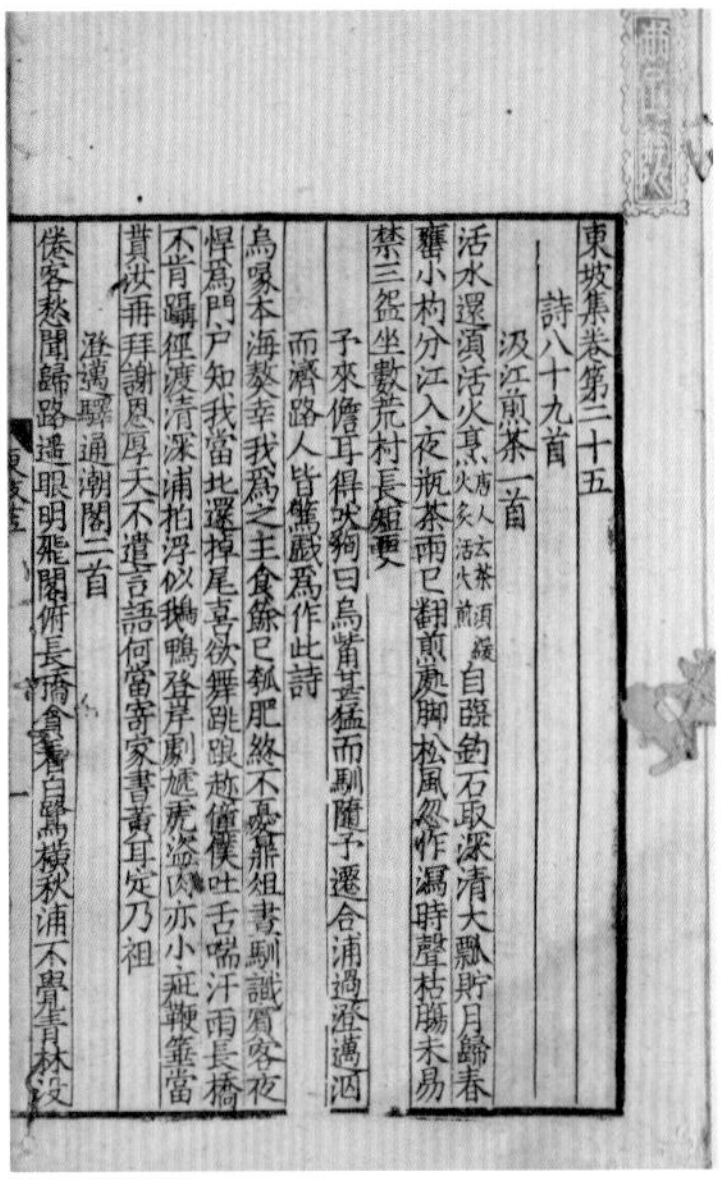
東坡集巻第二十五
詩八十九首
汲江煎茶一首
活水還須活火烹 唐人云茶須緩火炙活火煎 自臨釣石取深清大瓢貯月歸春
甕小杓分江入夜瓶茶雨已翻煎處脚松風忽作瀉時聲枯腸未易
禁三碗坐數荒村長短更
子來儋耳得吠狗曰烏觜甚猛而馴隨子遷合浦過澄邁泅
而濟路人皆驚戲為作此詩
烏喙本海獒幸我為之主食餘已瓠肥終不憂鼎俎晝馴識賓客夜
悍為門戸知我當北還掉尾喜欲舞跳踉趁僮僕吐舌喘汗雨長橋
不肯躡徑渡清深浦拍浮似鵜鴨登岸剽虓虎盜肉亦小疵鞭箠當
貰汝再拜謝恩厚天不遣言語何當寄家書黄耳定乃祖
澄邁驛通潮閣二首
倦客愁聞歸路遥眼明飛閣俯長橋貪看白鷺横秋浦不覺青林没

【図06】…東坡集　【(宋)蘇軾】　十冊　紙本木版　中国・南宋時代(十二〜十三世紀)　両足院蔵

鬼魅門の二門からなされ、五臓の調和が健康の基本で五行(木火土金水)、五味(甘酸辛苦鹽)の相性によるというものである。調整法や茶の効能のほかに桑の効能にも及んで、茶と桑ともに健康への医学的な効能について説いたものである。

さて、両足院の開基・龍山徳見も二十二才で入元し、大陸で四十余年を過ごした。上陸後、天童山から東林寺など中国であちこち歩いたが、四十八才で黄龍慧南《おうりょうえなん》の弟子・兜卒従悦《とそつじゅうえつ》が開創した寧州兜卒寺の住職となる。『黄龍十世録』(両足院蔵)によると臨済宗黄龍派は黄龍慧南にはじまり、九代の明庵栄西、そしてそこに龍山徳見を加えたものとするが、これは龍山徳見の法嗣で、両足院創建の際に龍山徳見を追請した二世である無等以倫の編である。無等についての詳細は不明であるが、二世から続く八世に至るまでは龍山徳見帰朝の際に同伴した元人、林浄因の子孫であったようである。林浄因は日本へ饅頭の製法を伝えた人として知られており、現在の饅頭総本家塩瀬家に伝承されている。かつて龍山徳見が入元し、黄龍派の本場で本格的に活動した龍山徳見の歩いた禅の道は代々の両足院住職へ引き継がれた。

両足院の蔵書

鎌倉後期から室町時代には蘇東坡や黄庭堅の漢詩が愛読され、「東坡 山谷 味噌 醤油」と、東坡や山谷の漢詩と味噌と醤油を同等に並べた俗諺として伝わる禅文化の日常生活をあらわす表現である。両足院でも蘇軾の『東坡集』十冊[図06]や『坡詩』(林宗二写)があり、また黄庭堅の詩集『山谷集』(朝鮮本)、これもまた詩を注釈した『山谷詩抄』(林宗二写)を所蔵する。林宗二(一四九八〜一五八二)は林浄因末裔の饅頭屋宗二。饅頭屋を営みつつ、文学への関心が高かった宗二は国語辞典の一種である『節用集』を刊行しているが、これも両足院に伝来している。そして、宗二の子息は両足院七世の梅仙東《ばいせんとう》浦《ほ》(一五二八〜一六〇八)であり、八世の利《り》峰東鋭《ほうとうえい》(一五六〇〜一六四三)は孫にあたる。

ほかに絵入りの娯楽本『三国志伝』(明版)五冊[図07]は、萬暦二十年(一五九二)刊で、明代末に余象斗が刊行した二十巻であるが、両足院にはこのうち巻一から巻八、巻十九から巻二十が五冊の冊子が所蔵されている。巻七から巻八はケンブリッジ大学図書館所蔵、巻十九から巻二十は大英博物館にも所蔵されており、両足院所蔵の巻一から六までは天下の孤本として知られている。また、民間で信仰された十王図の絵入り版本『仏説預修十王生七経・仏説寿生経』(朝鮮本)一冊[図08]は、萬暦三年(一五七五)に全羅南道・羅州で成化五年(一四六九)の版を覆刻開版した版木を羅州陽龍泉寺に留め置いて制作したものである。料紙に備わる質感はしなやかで製紙の際によく打たれてしなやかで柔らかな楮紙を用いている。質感もさながらであるが、絵入り本の存在は蔵書の幅広さを物語っている。

さて、両足院の蔵書は学者の垂涎の的として二十世紀前半から認知されていた。一九三八年に京都市内の寺院の蔵書が窃盗に遭うという事件が

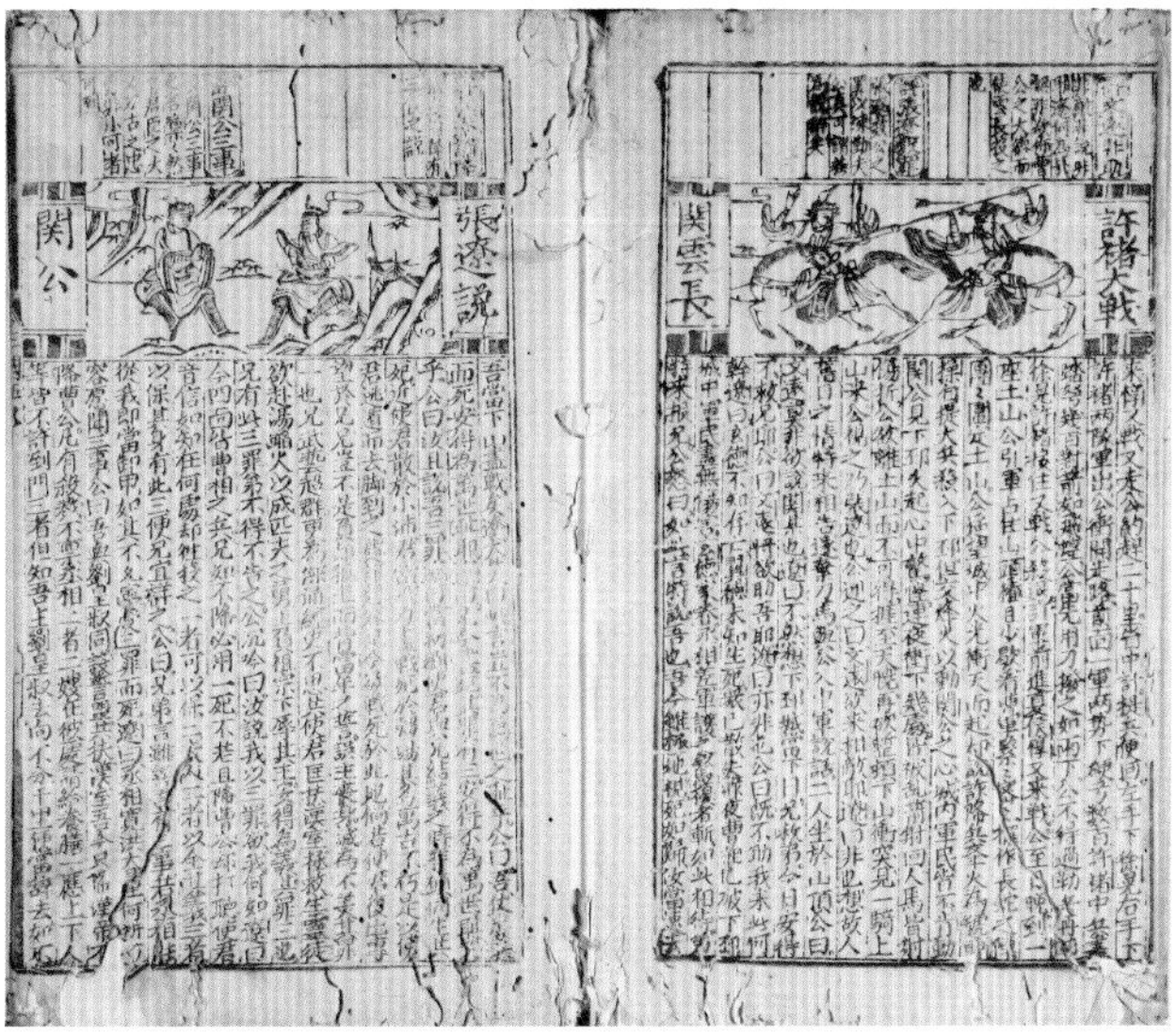

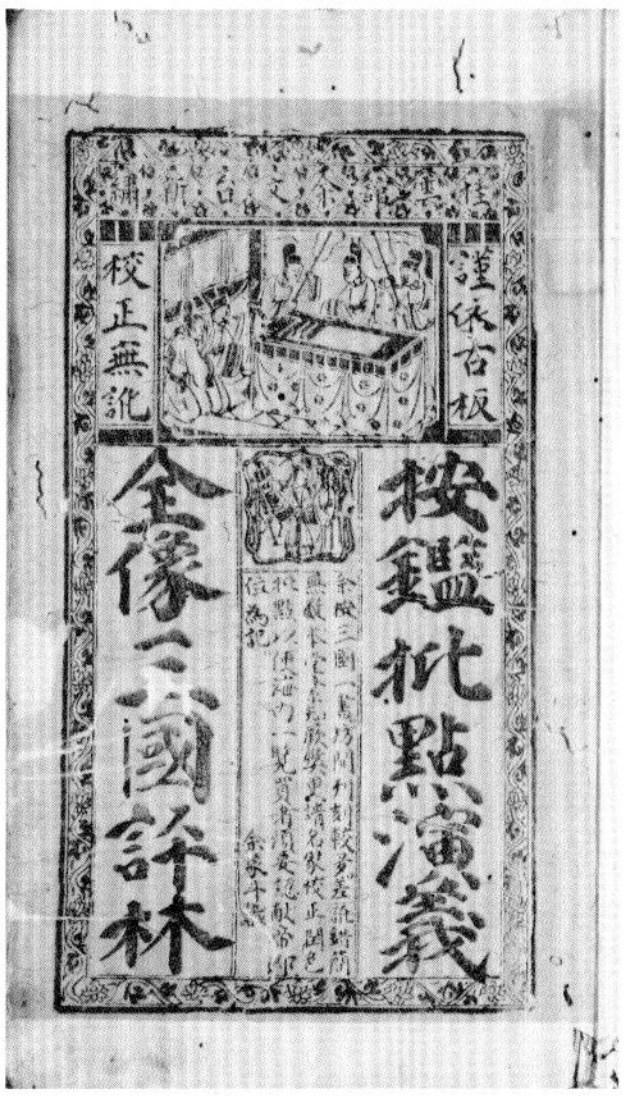

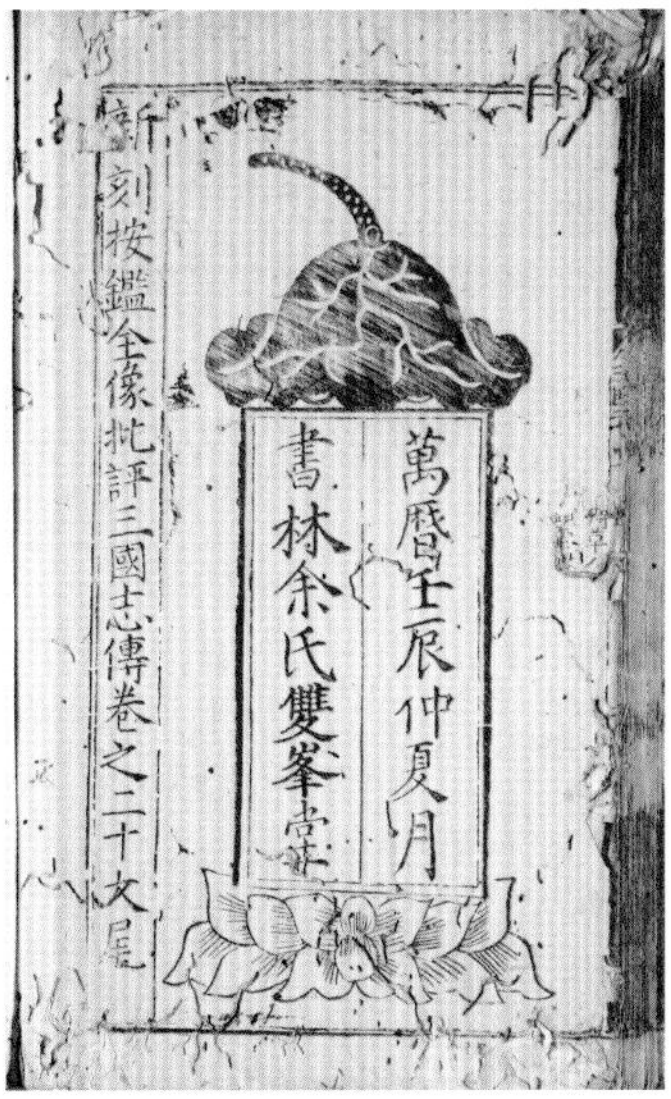

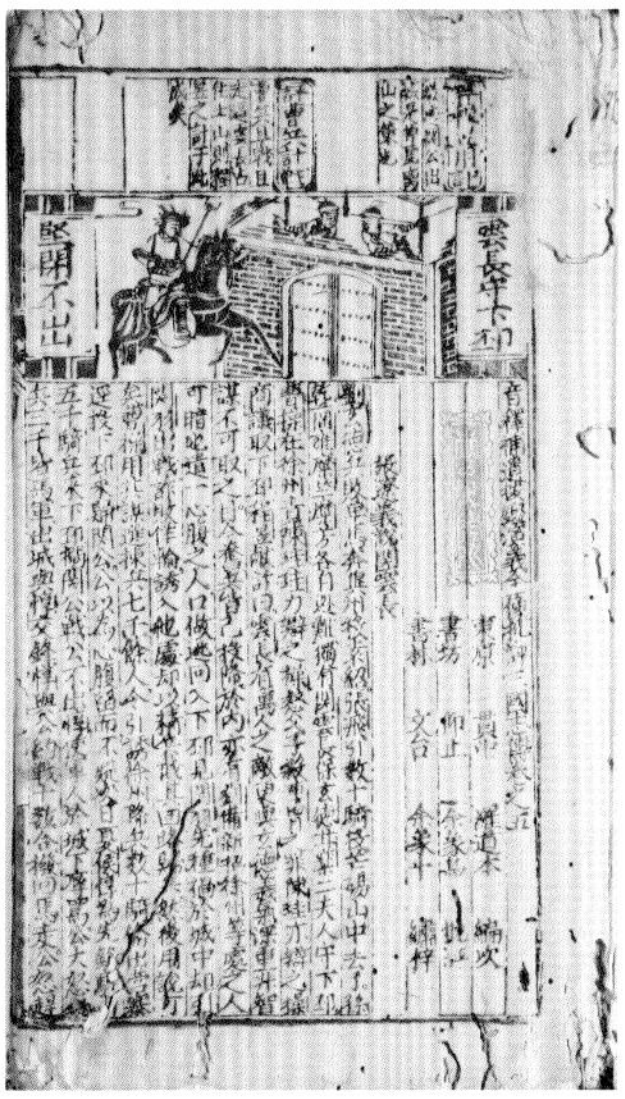

【図07】…三国志伝　五冊　紙本木版　中国・明時代　萬暦二十年（一五九二）　両足院蔵

起こった。この事件では両足院の蔵書も閲覧の際に無断で運び出され、以後清野謙次の自宅などから多数発見された。この事件を境に両足院ほかでは調査に慎重にならざるを得なくなり、しばらくの間、閲覧はできなくなった。その後、一九五七年に両足院では開基六百年遠忌を迎えることになった。当時の住職伊藤東慎は記念に両足院六百年史刊行を目論み、所蔵する書物の虫干し、整理調査を行い、寺史を通観することが出来る基本的史料『黄龍遺韻』を著わした。著書の序文には自著を一隅を照らすものにすぎないが、やがて総合的な建仁寺史の研究が篤学者によってなされんことを願うとしてしめている。こうした住職の言動は以後、学究を志す者に新たな知見を示されたと理解できる。以後開始された現代の外来調査は一九五八年から慶應義塾大学斯道文庫によってマイクロフィルムの撮影が丁寧にはじめられ、長年にわたり、弛まない歩みが続けられている。慶応義塾大学附属研究所斯道文庫編『慶應義塾大学附属研究所斯道文庫撮影　建仁寺両足院蔵書マイクロフィルム目録初編』（二〇一〇年）が撮影着手五十年の区切りとしてまとめられている。そしてさらに、京都大学大学研究科国語学国文学研究室の木田章義と宮紀子らの調査もあり、東方学会関西部会の報告書として『両足院：学問と外交の軌跡』（二〇〇六年）がある。また、遠忌六百五十年記念を迎えた二〇〇七年には『両足院——その歴史と

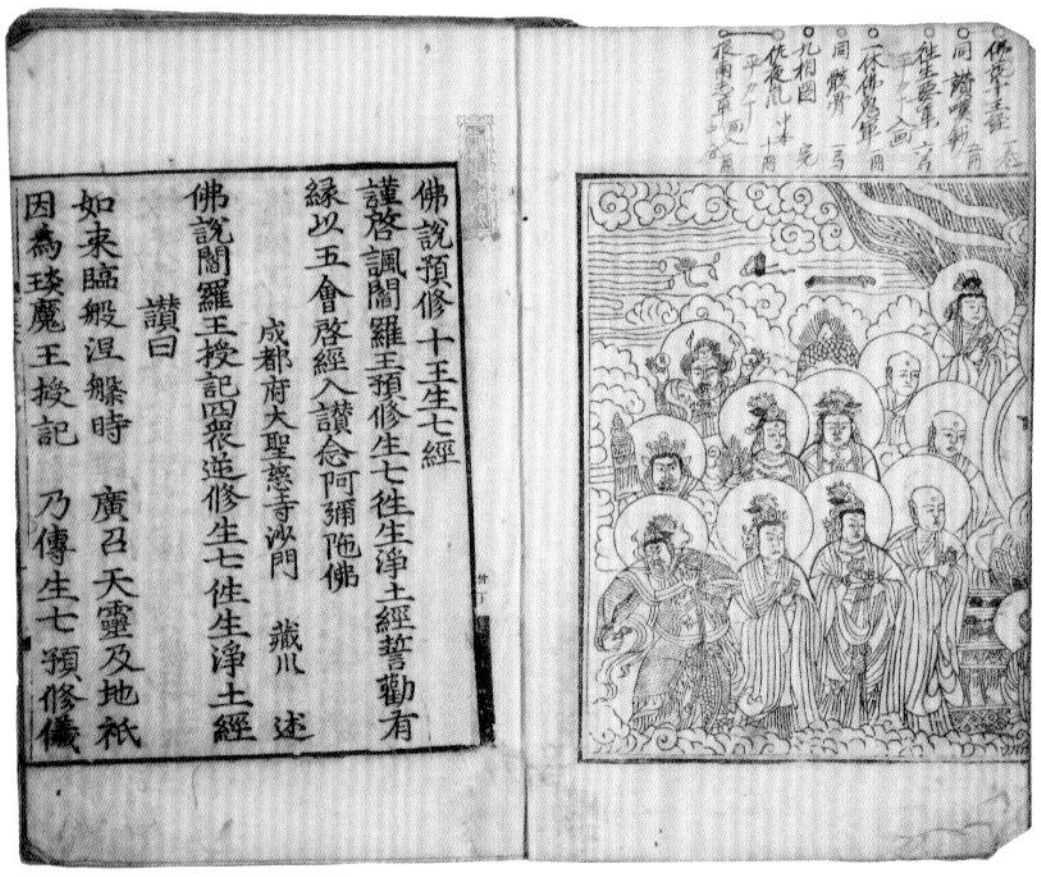

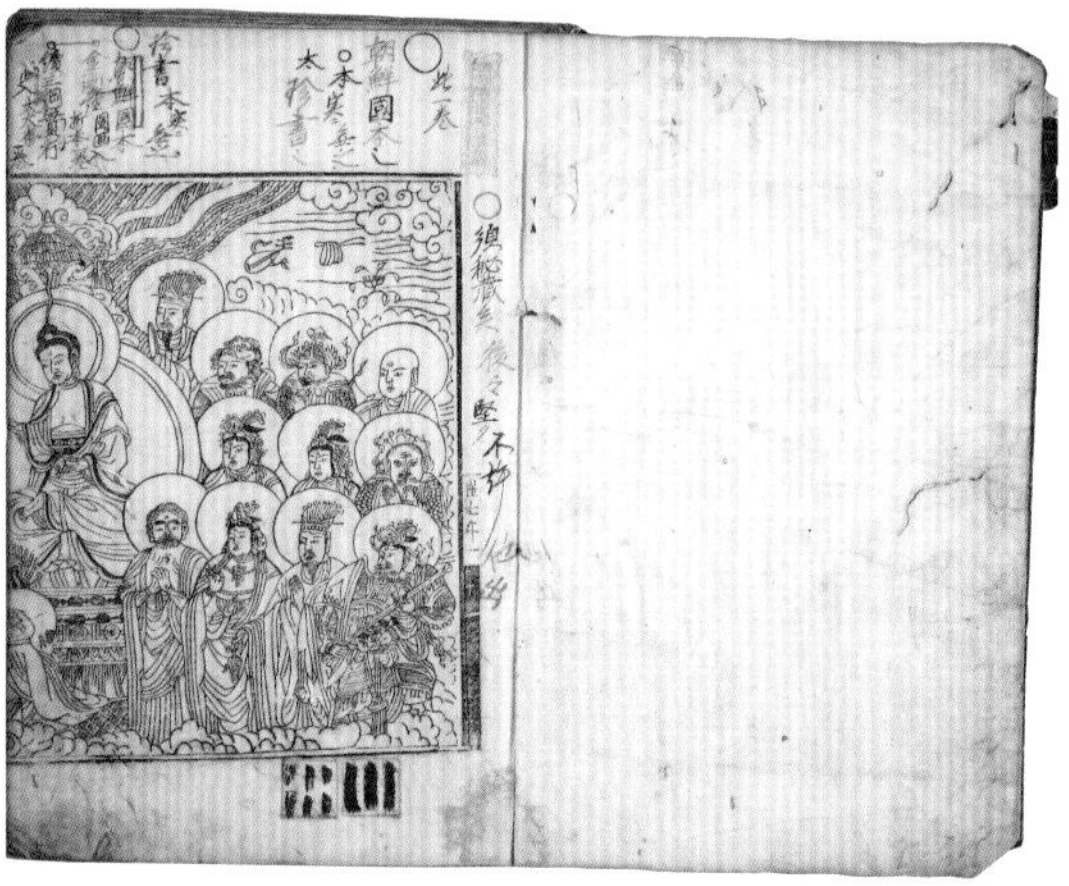

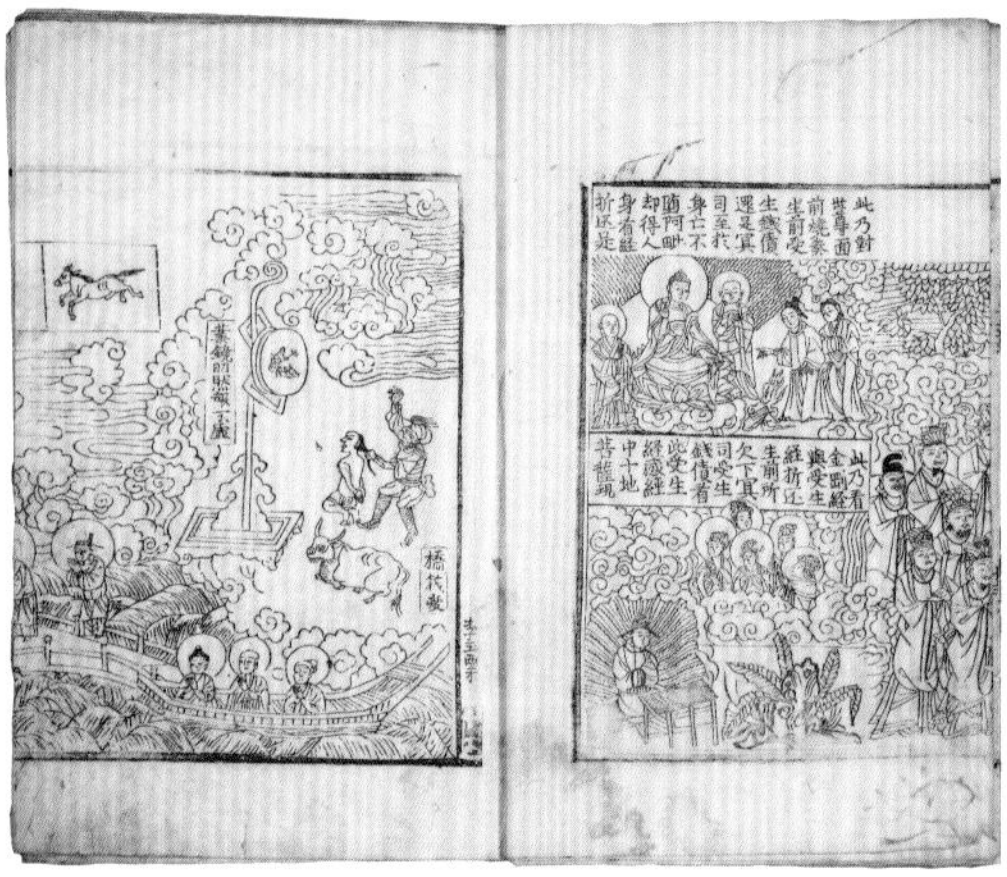

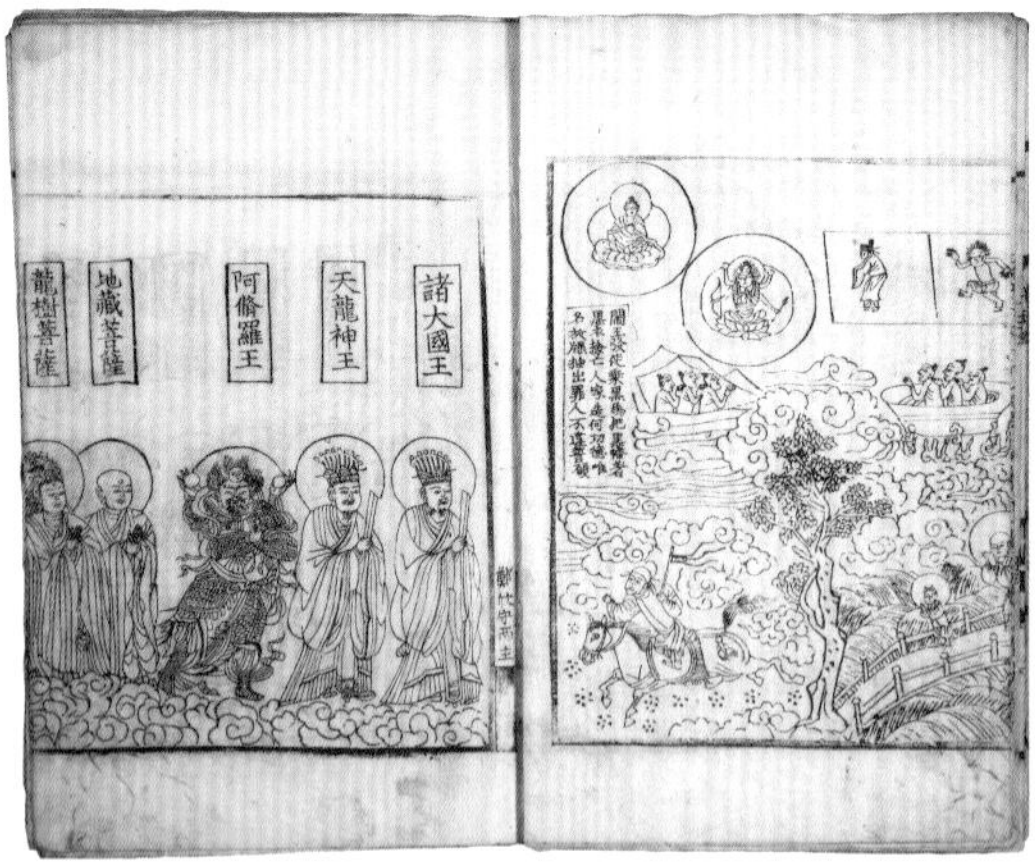

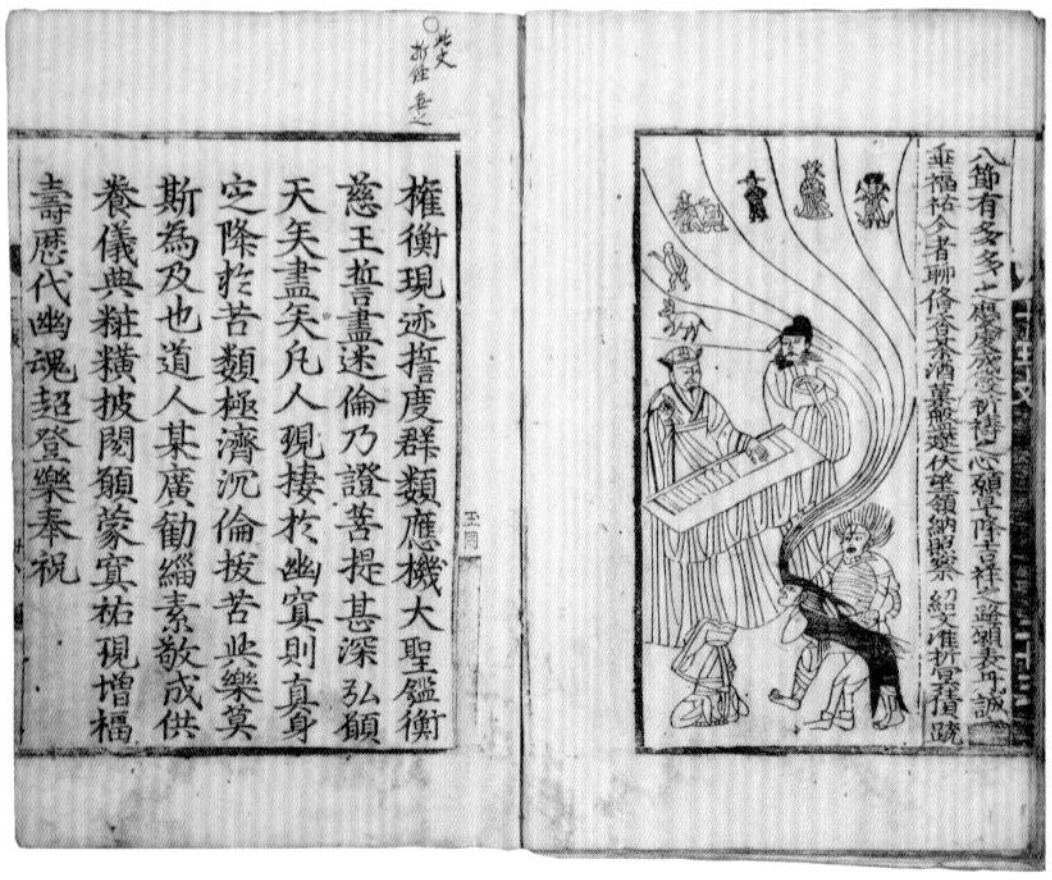

[図08]…仏説預修十王生七経・仏説寿生経　一冊
紙本木版　朝鮮・朝鮮時代　萬暦三年(一五七五)
両足院蔵

［図09］…額字「両足院」原書　安慎徽筆　一幅　紙本墨書　江戸時代　延宝六年（一六七八）　両足院蔵

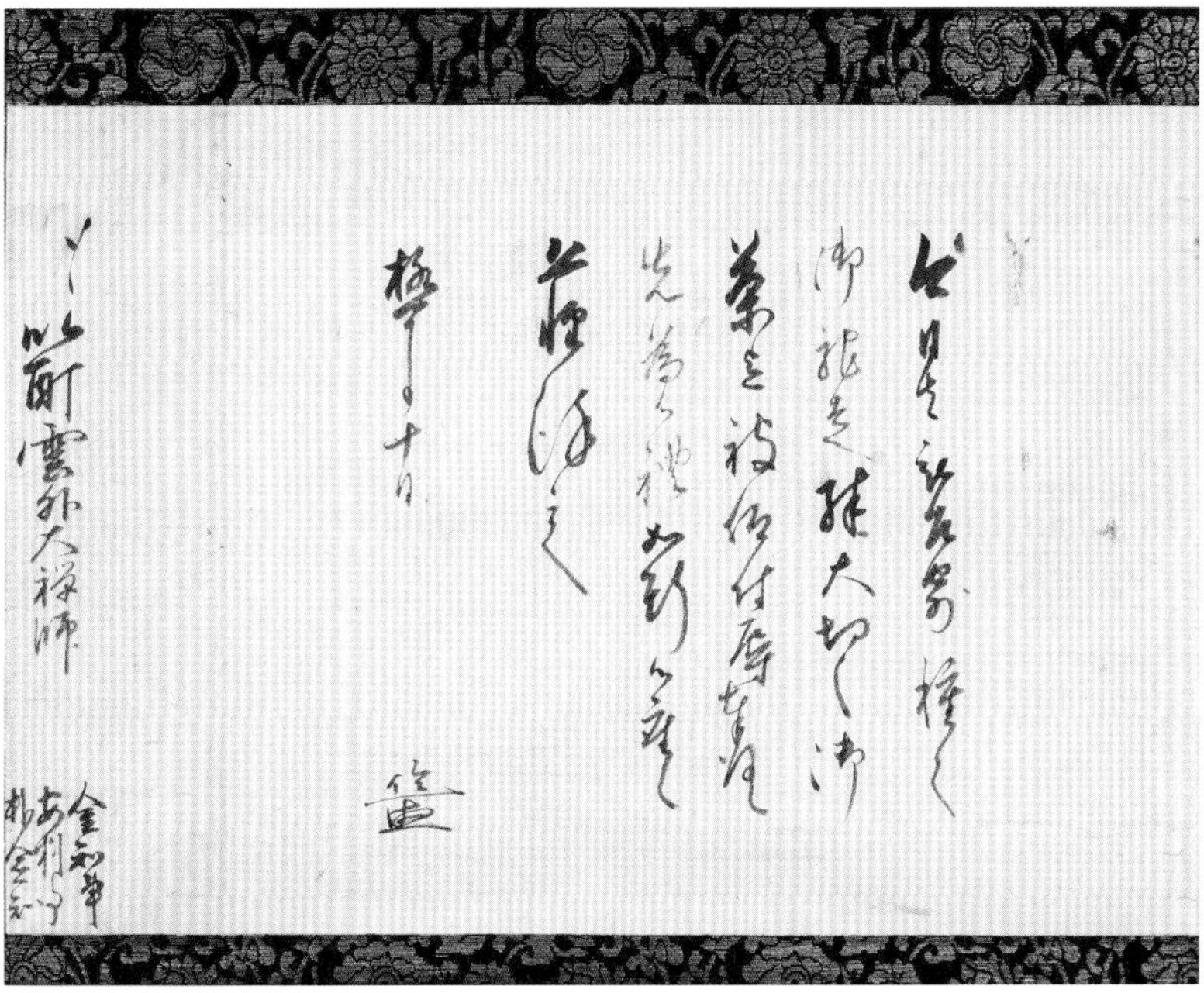

［図10］…雲外東竺宛金謹行等連署状　金謹行・安慎徽・朴有年筆　一幅　紙本墨書　江戸時代　延宝六年（一六七八）　両足院蔵

文化財』が発行。現住伊藤東文が発願し、その際に関係が築かれていた識者の協力を得て刊行した。その後に発行された京都国立博物館の赤尾栄慶が代表で行った蔵書調査「五山禅宗寺院に伝わる典籍の総合的な調査研究——建仁寺両足院蔵本を中心に」の報告書『建仁寺両足院聖教目録Ⅰ（第一函～第六〇函）』（二〇〇八年）、『目録Ⅱ（第六一函～第一二〇函）』（二〇一〇年）、『目録Ⅲ（第一二一函～第一八一函、補遺）』（二〇一一年）の三冊は今日の両足院蔵書を見る際の基盤となっている。さらに承前の目録では欠本であったが、花園大学で預かった際にあらたに確認できた蔵書も存在する。それに関して禅文化研究所の田口幸滋は「建仁寺両足院所蔵聖教目録添足Ⅰ」（二〇二一年）を報告しており、続編の計画もある。

両足院と以酊庵

両足院方丈に掛かる扁額「両足院」には「戊午季冬下／朝鮮国慎斎居士書（「典叔」朱文方印）」と刻される。筆者は朝鮮人・安慎徽であり、朝鮮側の外交記録『辺例集要』「渡海」には「戊午十一月、問慰訳官金謹行、朴有年、堂下安慎徽員役並七十一名、差倭橘成珍護行、入往馬島事」とあり、延宝六年から翌年にかけて朝鮮から馬島（対馬）へ慰問訳官らが渡海していたことがわかる。両足院には扁額のもととなった原書、額字「両足院」があり［図09］、両足院の前名「知足院」、月舟寿桂が建仁寺に創建した幻住派の塔頭で天正

【図11】…鉄砂文字入花生 一口 朝鮮時代後期
両足院蔵

年間に両足院に合併した「一華院」と共に同一の桐箱に川の字に並べて納められる。三幅対の形態で同じ表具の料紙で揃えられており、箱蓋表には墨書で「距于今百六十余因命装池後昆之者宜加慎重／天保五年甲午正月 東緝誌」とある。天保五年（一八三四）に昆孫である十四世・嗣堂東緝の発露によって装池、装潢したものと解釈できる。一八三四年から一六〇年余以前のことで、十世・雲外東竺が以酊庵へ輪番していた延宝五年（一六七七）四月から延宝七年五月の間であり、「戊午」は延宝六年（一六七八）にあたる。

「雲外東竺宛金謹行等連署状」は朝鮮の金謹行、安慎徽、朴有年からの連署の文［図10］で、「今日者被召寄種々／御馳走殊大切之御／茶迄被仰付辱奉存候／先為御礼如斯御座候／恐惶謹言／極月十日（花押）／〆以酊雲外大禅師　金知事／安判事／朴僉知」と記されている。雲外東竺が以酊庵輪番で在島の際に釜山からやってきた倭学訳官との交流を示す資料である。茶をふるまった様子があるが、大切之茶とは果たしてどんな茶であっただろうか。当時は抹茶も煎茶もあり、茶の種類やそれに用いた茶道具、掛け軸も気になるところである。そしてこの茶をよばれた朝鮮人たちが和の文体で文を作りとどけ、交隣の際に異文化を嗜み、実践した様子もあらわしている。対馬で雲外東竺と朝鮮人が面会した延宝六年は釜山の居留地「倭館」が新たになり、それまでの豆毛浦から草梁倭館に本格的に移動した時期にあたる。朝鮮外交の要として存在した対馬のその先にあるのは釜山に置かれた倭館である。

慶長十四年（一六〇九）に己酉約定が締結され、文禄・慶長の役の後しばらくの沈黙が続いたが、その後、国交が回復し、対馬藩が日本の居留地として倭館を運営した。倭館には対馬の人が居住し、江戸時代、朝鮮における日本人唯一の活動の場としての倭館は二国間の関係上一定の距離を保ったための要所であり、朝鮮のなかの日本（対馬）であるという特殊な場所であった。日本人の嗜好を対馬の人が伝え、朝鮮で朝鮮人の手で作陶した高麗茶碗がある。海の向こうから日本へ渡って来るという伝来が愛され、また、倭館とそれをつなぐ対馬という存在が大きな役割を果たした。日本で茶道が隆盛し、日本人特有の舶来趣味が根底に存在する。高麗茶碗には見立てと注文があるが、後年の注文は朝鮮のやきものであることを前提とした茶碗、水指、花生が主であった。これらは日本の陶工頭が派遣され、日本からの注文書をもとに朝鮮の陶土によって、朝鮮の陶工が製作した。一万坪あったという豆毛浦倭館の内外で窯が稼働したが、窯の失火によって失われた。船を接岸させるためには適した立地ではなかったため、月日を経て改善、移動が必要となった。結果、段階的な工事が重ねられて新館としての草梁へ本格的に移動する。十万坪に及ぶ広大な敷地と日本人が活動しやすくするために建設された草梁倭館では、御本茶碗の生産が本格化した。求請により届けられた陶土や薪の補給、担い手である陶工の派遣は己酉約定が結ばれたころから一〇〇年以上朝鮮側が無償で行ってきたが、負担が増幅しすぎたため見直され、一七一八年にはついに閉窯となった。その後、草梁倭館は江華島条約が締結された一八七六年まで、対馬藩によって運営された。以酊庵はその十年前のころに御用廃止となってる。両足院の所蔵品には朝鮮からもたらされたやきものの一群があり、朝鮮時代の白磁、彫三島茶碗、硯屏、そして調味料や食べ物を貯蔵する容器である甕器もある。そのなかで「鉄砂文字入花生」［図11］は「朝鮮国」とハングルで示しており、筆記である故に字画に不確かさもあるが、わざわざ国名を記すところは謎深い。水指であろうという見解もあるが、未だ説明するには材料が整っておらず不明な点も多い。粗放な作域からは意図的に作られたという気配が漂い、口縁部にぐるりと唐津焼の特徴でみられるような皮鯨が口縁にめぐる。頸回りには半球状の突起、擂座がまばらに配置されており、これは金工にイメージされる意匠である。ろくろ目は強く立っており、削りは粗く、様々な要素が混交する秘蔵の品である。

両足院の美術

建仁寺周辺、東山界隈は江戸時代初期のころから京焼の産地として発達し、各地域で頭角を現した様々の技法、形を取り込んで瀟洒な京焼として置き換えて生産してきた、たくましさがある。両足院はその京焼の陶工のひとり二代仁阿弥道八（一七八三～一八五五）の香炉や水指などを所蔵するが、十四世・嗣堂東緝との交友があり、寺宝のやきものを貸し出して作陶の手本にしている。その道八が描いた「布袋図」［図12］も所蔵しており、十五世・荊叟東玟（一七九四～一八八六）が着賛する。

伝周文筆「墨梅図」［図13］は寒中で梅の香りに遭遇することを想起するように、長く直立する徒《ず》長枝《わい》が印象的である。太い古木のなかから飛び出した剛直の線は清く、全体にほっそりと佇む紙本をみるところ、本来三幅対であっただろうかと思わせる。表具裂も時代が表れており、厳かである。希世霊彦（一四〇三～一四八八）の着賛を得ている。

月僊筆梅荘顕常賛「老子騎牛図」［図14］は老子の象徴である牛を乗る姿が柔和な柔らかみで包まれた笑みを浮かべて描かれる。絵を描いた月僊（一七四一～一八〇九）は浄土宗の僧侶で、画料をもって寺院の再興に尽力した。梅荘顕常が賛を寄せており、両足院には梅荘顕常が賛を寄せた収蔵品がほかにもあり、朝鮮通信使随行画員で宝暦十四

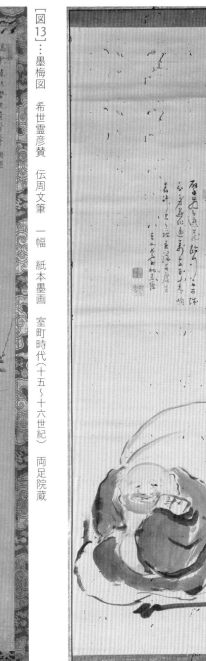

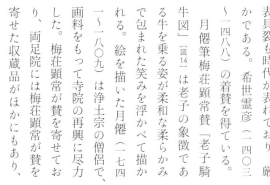

【図12】…布袋図　荊叟東玟賛　仁阿弥道八筆　一幅　紙本墨画　江戸時代（十九世紀）　両足院蔵

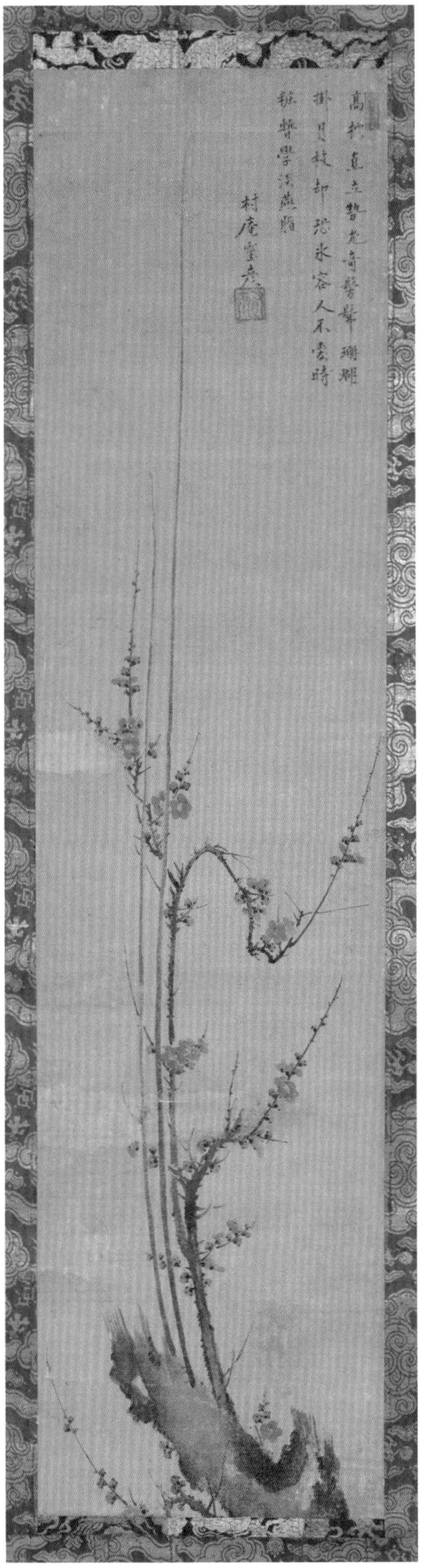

【図13】…墨梅図　希世霊彦賛　伝周文筆　一幅　紙本墨画　室町時代（十五～十六世紀）　両足院蔵

［図14］…老子騎牛図　梅荘顕常賛　月僊筆　一幅　絹本墨画淡彩　江戸時代（十八世紀）　両足院蔵

［図15］…縄衣文殊図　一幅　紙本著色　室町時代（十五世紀）　両足院蔵

年（一七六四）に来日している金有聲筆「李賀騎驢図」もある。賛文は自著の『北禅遺草』巻一に「老子乗牛図／函谷一条路 那留紫気痕 先天地底物 不在五千言」と掲載されている。

作者不詳の「縄衣文殊図」［図15］は蓬髪のあどけない少女のようなまなざしの文殊菩薩。箱蓋表書にも「草衣文殊」とあるが、編んだ草を衣としてまとい、巻子状の経を持つ。構図として共通する例は相国寺に伝来する雪磵筆「縄衣文殊図」（元時代）に近しい。しかし、顔つきと持物は異なり、相国寺本は経の形態が折本である。以前に両足院へ書物の閲覧でうかがった際に、難読で頭を抱えていた。突如として住職が現われてすぐさま縄衣文殊の軸を床に掛け、「御智恵を」と一言を残して出ていかれた。この時「智恵を使えよ」、「智恵は使うものぞ」と諭されたのだと受け取れたが、学問の弱者であることを見抜かれ、応援の意味あいからの慈悲深い行いであろう。個人的な情感を伴う都合よい解釈に過ぎないが、開かれていく秘蔵の資料を手に触れる機会に恵まれた一場面である。

両足院は中国、朝鮮との関りを持ちつつ、京都に根付いた文化とともにあり、その発展に相乗し、両足院も発展をとげ、互相関係を築いたものである。京都の文化の一面であり、その歴史のひとつだといってよい。そしてまた、あらたな探究の世界が開かれていくことであろう。

特集◎禅寺の学問

金文京 KIN Bunkyo

五山学芸の経済的背景
建仁寺両足院を例として

五山学芸の背景には、それを支えた禅宗寺院の経済力があったはずである。小論では、五山屈指の蔵書を誇る建仁寺両足院境内にある元禄六年の那波氏墓碑文を紹介することで、京都の豪商であり、那波道円、那波魯堂などの学者を輩出した那波氏と両足院の関係を探り、その経済力の一端を明らかにした。なおこの墓碑文は、両足院の歴史を述べた伊藤東慎『黄龍遺韻』未収である。

はじめに

京都五山の中でも建仁寺《けんにんじ》は、俗に南禅寺の武《ぶ》家面《けづら》、相国寺の声明《しょうみょう》面、東福寺の伽藍《がらん》面に対して学問面とよばれ、学芸の隆盛をもって称された。その建仁寺の数ある塔頭《たっちゅう》の中でも、両足院《りょうそくいん》は多数の善本を含む豊富な蔵書によって知られる。『東坡集』、『大慧普覚禅師法語《だいえふかくぜんじほうご》』など南宋版九点、『禅苑清規総要《ぜんえんしんぎそうよう》』など元版三点をはじめ、多数の五山版、明清刊本、抄物、写本など、その範囲は仏典、禅籍にかぎらず、天下の孤本としてつとに有名な明の万暦二十年（一五九二）、余氏双峯堂刊の『三国志伝』（小説『三国志演義』）の如き俗書まで、その多彩、贍富は五山諸寺院の中でも屈指のものであろう。(1)

これらの蔵書は、もとより住持歴代学僧の努力によって蒐集、書写されたものであるが、うち刊本、特に中国渡りの唐本はほとんど購入されたものと考えられ、そのためには当然、相応の資金が必要であったろう。両足院はその資金をどのようにして工面したのであろうか。小論の目的は、両足院の一例によって、五山学芸の経済的背景の一端を探ることにある。

寺領からの収入

江戸時代以前における五山寺院の収入は、室町、江戸幕府からあたえられた寺領朱印地からの

京都大学名誉教授。専門は中国古典小説戯曲。著書に『三国志の世界』（講談社、二〇〇五年）、『漢文と東アジア』（岩波書店、二〇一〇年）、『李白――漂泊の詩人その夢と現実』（岩波書店、二〇一二年）などがある。

収入と、檀家からの布施、寄付に大別されよう。天和元年（一六八一）、江戸時代以後、別格となった南禅寺を除く他の四山の朱印寺領の石高は、天龍寺が一七二〇石、相国寺一七六〇石、東福寺一八五〇石に対し、建仁寺はわずか八二〇石と、他の三山の半分に満たない。[2] その少ない石高をさらに本寺と配下多くの塔頭で分けることになるが、慶長十九年（一六一四）の記録では、全八二一石のうち、本寺が一四七石一斗九升六合、三十二の塔頭のうち最高額は常光院の七十石、最低は光沢院の四斗一升八合、両足院は四石三斗二升三合で下から九番目である。禅宗寺院には住持の下、多数の僧侶がいたはずで、この収入で全員の生活をまかなうことは困難であったろう。

元和元年（一六一五）、幕府は「五山十刹諸山法度」によって碩学制度を創設する。これは各山ほぼ三人の碩学を択び、朱印額から一代限り禄をあたえるもので、増額ではなく、碩学を出せなかった塔頭はかえって減額になる。碩学は学識によって選ばれるので、各塔頭間の学力競争を招いたであろう。この時、両足院の利峰東鋭《りほうとうえい》は建仁寺碩学の三人の一人に選ばれたので、建仁寺の石高八二〇のうち碩学禄一九〇石の三分の一、約六十三石を毎年もらったはずである。両足院の石高四石余の約十五倍である。さらに寛永十二年（一六三五）、碩学が対朝鮮外交文書を管轄する朝鮮修文職（以《い》酊庵《ていあん》輪番）を兼務するようになると、対馬滞在の手当が支給された。江戸時代を通じて全八十九名の修文職のうち、建仁寺からの十八名中、四名が両足院から出ており、しかも嗣堂東緝《しどうとうしゅう》は二回、荊《けい》叟東玫《そうとうみん》は三回勤めている。ただし修文職は収入もあったが、支出も多かったようで、嗣堂東緝は檀徒の大村彦太郎から、対馬渡航費として金百両を借用している。寺領や碩学、修文職の収入だけでは高価な書物を買う金銭的余裕は、おそらくなかったであろう。

富裕な檀家からの収入
——林家と那波家

とすれば、頼むは富裕な檀家からの布施、喜捨である。両足院は代々有力な檀家をかかえていた。両足院開祖と仰がれる龍山得見《りゅうざんとくけん》（一二八四〜一三五八）は、在元四十数年に及んだが、貞和五年（一三四九）多数の中国人を伴って帰国した。うち杭州の人で、北宋の隠遁者として有名な林和靖《りんわせい》の子孫と称す林浄因は、日本での饅頭作りの元祖とされ、その子孫は京都（烏丸三条南に饅頭屋町あり）と奈良（漢国町に饅頭の祖神林神社あり）に分かれ大いに繁盛した。両足院を創建した第一代、文林寿《ぶんりんじゅ》郁《いく》から第五代までの住持はすべて林家出身であり、第四代、梅仙東逋《ばいせんとうほ》の父、第五代、利峰東鋭の祖父、林宗二《りんそうじ》（一四九八〜一五八一）は、多くの抄物を残し、また饅頭屋本『節用集』を刊行するなど好学の商人として有名である。両足院には林氏を記念する「饅頭屋町合塔」があり、由来の碑文を記す。林氏はのち塩瀬と名を変え、現在も和菓子の老舗として知られる。[3]

その後の両足院の支援者、檀家としては、豊臣秀吉の命により石見銀山の鉱山奉行となった柳沢元政、江戸初期、長崎奉行として御朱印船貿易に携わった初代、二代末次平蔵、藪内流茶道五代目家元の竹心紹智、陽明学者の三輪執斎およびその従叔父で白木屋創業者の初代大村彦太郎などがいる。特に大村家は現代に至るまで有力な檀家であった。以上は、伊藤東慎『黄龍遺韻』（注1）に紹介があるが、両足院には実はこの他にも有力な檀家があった。

両足院には、「那波友悦幸齋先府君之墓、感誉妙悦孺人津田氏之墓」と記された墓石がある［図01］。那波氏は姫路出身の豪商である。墓石の側面と背面に碑文があるが［図02］、この碑文はこれまでに紹介されたことがないので、長文だが以下に移録し、訓読を附す（「／」は改行、「□」は摩滅剥落による不明字、〔 〕内は推測、（?）は疑わしい字、（ ）内は筆者注記。字体は原文に従い、訓読では常用字に改める）。

先考妣二君墓碣銘并叙／
先考府君西播姫山人、姓那波、諱春幸、字友悦、号幸齋。其先那波人也。故因土為姓。／

［図01］…波友悦夫婦墓石正面

［図03］…墓石裏面

父祐恵、母圓山氏。 府君有一姉三兄、怡怡且湛、各自克家。枝葉豊茂、今洎五世。府／君生於天正壬午、性廉而愛人、孝父母、敬兄長、信朋友。郷人有故、則竭心労身、不厭不／倦、當時以直見推。雖不學先聖道、自應似子夏語矣。娶津田氏、生男五女二。曰宗恩、曰／古暮、嫁同郡中井氏、曰良句、曰予、曰昌卬、曰祐顯、曰季女勝。府君毎戒諸子云、睦兄／弟、保隷僕。睦則家肥、保則衆従。寔

［図02］…墓石右側面の碑文上部

我家之龜鑒也。府君壯年買宅於京城、俾監奴守、／且使男宗恩與予遷居于雒陽。於是府君屢來雒、濡滯日更久、交游歡娯同故鄕。寛／永庚辰某月某日 府君又之京師、知己來問、只譚寒溫。浪□□□／不疑、將歸故里、倏忽嬰病、奇方無効、同載九月十八日卒、壽五十〔九〕□／先妣孺人津田氏、雍州洛水人、諱能、父名正清、母村松氏。孺人□／慧端淑、自有以過人者。歸於府君、有螽斯之福。及府君歿、落髮入佛、名妙悅。喪／畢、還播陽、辛勤不殞厥業、守貞節如柏舟。至晩年、攜季男祐顯、季女勝又到京師。兒孫／懐膝下、壽觴酌几前。季女勝適保羽氏。次男良句弗堪思慕、去鄕來洛。唯四男昌印素／在故邑、孜孜學箕裘、所謂繼志述事之義也。嗟夫各事孺人、養口體之日僅六年、□／矣寢疾、良藥不成功、遂慶安壬辰五月九日逝、年五十有七。先考妣遺骨蓋雖於□／洛土本願、淨善兩寺、東山高、北地杳。恐子孫欲行路難、竟絕追遠之禮。我昆弟姊妹盡／物故、吾儕雖獨存、齒踰古稀。願今將近擇地美築墓、合葬于茲。先考遺骨收乎□／開山之墓所、混諸骨、不克詳誰何、吁是不可得。先妣遺骨輒求得淨善寺。抑先□〔考〕／遺書、錄家務職分緊(?)諄諄。熟拜嘉言、喟然歎、告我男云、汝慎旃、毋欺後人、非啻□／恨但覆瓿、寧立志且解惑、如之何則可。『埜記』曰、高宗造鈔累不就。夢神告之、當用／秀才心肝為之。悟思之未得。高后曰、得士子苦心程業、其文課即心肝也。帝喜曰、得之矣。／宜乎凡人寫情、循乎其才、不才試毫、皆無弗苦心肝。予私取之、披生前懐、銷身後□。／便奉祔於建仁寺兩足院。古人作筆塚、有所據。矧手澤不為主也耶。乃辭示嗣、其辭云、／先靈如在 維德維恩 遺書遺骨 為乾為坤 祔傳苗裔／久守固存 魚不離水 枝不忘根 人而豈詩 雙淚潺湲／你將明信 須薦蘋蘩 斯孝斯孝 永垂子孫／粤元祿癸酉八月丙戌望安厝、孝事終矣。孤哀子那波氏遯菴宗仲祐予立

【訓読】

先考妣二君の墓碣銘并びに叙

先考府君は西播姫山の人、姓は那波、諱は春幸、字は友悅、号は幸斎。其の先は那波の人なり。故に土に因りて姓と為す。父は祐恵、母は円山氏。府君に一姉三兄あり、怡怡として且つ湛《たの》しみ、各自家を克《よ》くす。枝葉豊茂し、今に五世に洎《およ》ぶ。府君は天正壬午（十年、一五八二）に生れ、性廉にして人を愛し、父母に孝、兄長を敬い、朋友に信あり。郷人故有らば、則ち心を竭《つく》し身を労し、厭わず倦まず、当時直を以て推さる。先聖の道を学ばざると雖も、自ずから応に子夏の語に似たるべし。津田氏を娶り、男五女二を生む。曰く宗恩、曰く古暮、同郡中井氏に嫁ぐ、曰く良句、曰く予、曰く昌印、曰く祐顕、曰く季女勝。府君毎《つね》に諸子を戒めて云う、兄弟に睦み、隷僕を保て。睦まば則ち家肥え、保たば則ち衆従うと。寔《じつ》に我家の亀鑑なり。府君壮年にして宅を京城に買い、監奴をして守らしむ。且つ男宗恩と予をして雒陽《らくよう》に遷居せしむ。是に於て府君屢ばしば雒に来たり、濡滞すること日更に久しく、交游歓娯は故郷に同じ。寛永庚辰（十七年、一六四〇）某月某日府君又京師に之《ゆ》くに、知己来問するも、只寒温を譚ずのみ。浪□□□疑わず、将に故里に帰らんとして、倏忽《しゅくこつ》として病に嬰《かか》り、奇方も効なく、同載九月十八日に卒す、寿五十九□。

先妣孺人津田氏は雍州洛水の人、諱は能、父の名は正清、母は村松氏。孺人は□慧端淑、自ずと以て人に過ぐる者有り。府君に帰して、螽斯《しゅうし》の福有り。府君歿するに及び、落髪して入佛し、妙悦と名づく。喪畢りて播陽に還り、辛勤して厥《そ》の業を殞《そこな》わず、貞節を守ること柏舟の如し。晩年に至り、季男の祐顕、季女の勝を携《たずさ》え又京師に到る。児孫膝下に懐き、寿觴几前に酌む。季女勝は保羽氏に適き、次男良句思慕に堪えず、郷を去りて洛に来る。唯四男昌印のみ素と故邑に在り、孜孜《しし》として箕裘《ききゅう》を学ぶ、所謂

志を継ぎ事を述《つ》ぐの義なり。嗟《ああ》夫《そ》れ各のおの孺人に事うるも、口体を養うの日僅かに六年、□矣疾に寝じ、良薬成功せず、遂に慶安壬辰（五年、一六五二）五月九日逝けり、年五十有七。先考妣の遺骨は蓋し洛土の本願、浄善両寺に□と雖も、東山は高く、北地は杳かにして、子孫行かんとして路難く、竟に追遠の礼を絶つを恐る。我昆弟姊妹は尽く物故し、吾儕独り存すると雖も、歯《とし》は古稀を踰ゆ。願くは今将に近くに地の美なるを択び墓を築き、茲に合葬せん。先考の遺骨は開山の墓所に収められ、諸骨に混じ、誰何を詳にする克わず、吁《ああ》是れ得る可からず。先妣の遺骨は輒ち浄善寺に求め得たり。抑も先考の遺書は家務職分を録して緊《（?）》諄諄たり、熟《つらつ》ら嘉言を拝し、喟然《きぜん》として歎き、我が男に告げて云う、汝揃《これ》を慎み、後人を欺く毋れ。啻に□恨のみに非ず但だ瓿《ほう》を覆うのみならん、寧ろ志を立て且つ惑を解き、之を如何とすれば則ち可ならんや。

『埜記』に曰く、「高宗鈔を造るに累しば就らず。夢に神之を告ぐるに、当に秀才の心肝を用いて之を為すべしと。悟《さ》めて之を思うも未だ得ず。高后曰く、士子苦心の程業、其の文課即ち心肝なりと。帝喜びて曰く、之を得たりと」。宜なるかな凡そ人の情を写すに、其の才に循う、不才にして毫を試みるは、皆心肝を苦しむるに弗ざる無し。予私かに之を取り、生前の懐を披き、身後の□を銷さんと、便ち建仁寺両足院に奉袝す。古人筆塚を作るは据る所有り、矧んや手沢を主と為さざるや。乃ち辞して嗣に示す。其の辞に云く、

先霊在《いま》すが如く、維《こ》れ徳維れ恩。遺書と遺骨、乾となし坤となす。祔《ふ》して苗裔《びょうえい》に伝え、久しく守り固く存せん。魚は水を離れず、枝は根を忘れず、人にして豈に誖《そむ》かん、双涙潺湲《せんかん》たり。伱《なんじ》まさに信を明らかにし、須らく蘋蘩《ひんぱん》を薦《すす》むべし。斯れ孝斯れ孝、永く子孫に垂れん。粤《ここ》に元禄癸酉（六年、一六九三）八月丙戌の望安厝し、孝事終れり。孤哀子那波氏遯菴宗仲祐予立つ。

那波氏は墓主の友悦の父、祐恵が戦国末期に姫路で財を成した[4]。友悦は祐恵の五男で、三男の九郎左衛門宗元は京都に出て豪商那波屋初代となった。次男六郎左衛門の長男は、藤原惺窩門下四傑の一人で、『白氏文集』刊行で知られる那波道円（活所）である。

碑文は友悦の三男、宗仲（四郎左衛門）の筆になるが、文中「子夏の語」が『論語』「学而」篇の子夏の言葉、「未だ学ばざると曰うと雖も、吾必ず之を学ぶと曰わん」、「螽斯の福」は『詩経』「周南」の「螽斯」（子孫が多いこと）、「柏舟」は同じく『詩経』「鄘風」の「柏舟」（貞節を守る）を踏まえ、また「濡滞」、「如之何則可」など『孟子』の語を多用することから見て、宗仲は儒教経典に精通した高い学識の持ち主であった。

後半に見える『埜（野）記』云々は、明の祝允明『九朝野記』巻一[5]の、次の記事を指す。

高皇始造鈔、略（累の誤）不就。一夕夢神告、當用秀才心肝為之。寤思之未得曰、豈將殺士而爲之耶。高后曰、不然。士子苦心程業、其文課即其心肝也。高皇喜曰、得之矣。因命取太學積課簿、搗而為之、果成。

高皇（明の太祖）始め鈔（紙幣）を造るに、累ばしば就らず。一夕夢に神告ぐるに、当に秀才の心肝を用いて之を為すべしと。寤めて之を思うに未だ得ず、曰く、「豈に将に士を殺して之を為さんや」と。高后（馬皇后）曰く、「然らず。士子苦心の程業、其の文課は即ち其の心肝なり」と。高皇喜びて曰く、「之を得たり」と。因りて命じて太学の積課簿を取り、搗きて之を為すに、果して成る。

明の太祖、朱元璋が紙幣を作ろうとしてうまくゆかず、皇后の助言によって、秀才（生員）の程業（試験答案用紙）を砕いて用いたところ、う

まくいったというのである。これは経済（紙幣）と学問（程業）の融合を示す絶妙の話柄であろう。ただし宗仲がこの話を引用したのは、原文の趣意とは異なり、父の遺骨が合葬のため、どれだかわからなくなっていたので、代りに遺書を埋めたことの説明としてであった。

なお友悦の孫、祐祥は、のち宝暦五年（一七〇八）の大火で破産、佐竹氏を頼って秋田に移住し、秋田藩御用商人となった。子孫は現在でも、秋田で造り酒屋などを経営している。

むすびに代えて

林氏、那波氏は財力のみではなく、一族の中から学者を出すほどの豊かな教養をもつ商人であった。両足院がそのような有力な檀家の財力に頼るとともに、檀家の方でも両足院歴代住持の学識や蔵書に利用価値を見出したであろう。両者は互恵的関係にあったと考えられる。そして両足院がこのような有力な檀家を得たのは決して偶然ではなく、その学識が檀家を引き寄せた、あるいは学識によって有力商人を積極的に誘致した結果であった。このことは単に両足院のみにとどまらず、五山寺院一般についても言えるのではないかと思える。五山学芸の背景には、豊かな財力と学問への関心を持つ富裕商人の存在があり、またそのような檀家による経済的基盤を獲得することによって、五山学芸の水準は維持されたであろう。五山の学僧は、決して象牙の塔に立てこもる学究ではなかったのである。

注

（1）両足院蔵書については、『五山禅宗寺院に伝わる典籍の総合的な調査研究』（平成十六～十八年度基盤研究Ｂ１研究成果報告書）、『建仁寺両足院に所蔵される五山文学関係典籍類の調査研究』（平成十九～二十二年度基盤研究Ｂ研究成果報告書）参照。

（2）伊藤東慎『黄龍遺韻』（両足院、一九五七年）に引く「両足院文書」（四九頁）。以下の記述もおおむね本書に拠る。

（3）川島英子『塩瀬六百五十年のあゆみ』（塩瀬総本家、一九九六年）第一章「始祖・林浄因碑、杭州に建つ」。

（4）以下は、三浦俊明「那波一族と姫路藩城下町の町衆」（『人文論究』40―1、関西学院大学、一九九〇年）、同『譜代藩城下町姫路の研究』（清文堂、一九九七年）第五章「那波一族と姫路町の町衆」に拠る。

（5）『九朝野記』（宣統三年、時中書局排印本）八頁。

追記　墓碑の写真は、筆者が十数年前に撮影したものである。今回の掲載にあたり、伊藤東凌両足院副住職のご許可を得ることができた。記して謝意を表する次第である。なお本年二月三日、墓碑を再調査した結果、墓地整理により墓碑は他の場所に移されており、正面［図01］および向かって左側面は見ることができなくなっており、また裏面下部［図03］の剥離もさらに進んでいることが判明した。したがって現段階では、この碑文をほぼ完全に見ることのできる資料は、筆者撮影の写真が唯一のものとなる。

特集◉禅寺の学問

以酊庵輪番について
両足院・高峰東晙の例を中心に

片山真理子 KATAYAMA Mariko

一六三五年からはじまった対馬・以酊庵の輪番制。京都五山の碩学僧が京都と対馬を行き来したという歴史がある。ここでは両足院の例を高峰東晙を中心に伝来した対朝鮮外交を示す資料を考察を交え紹介する。

はじめに

以酊庵《いていあん》輪番は寛永十二年（一六三五）から慶応三年（一八六七）までの間、脈々と引き継がれた学僧たちのリレーである。二百三十余年にわたる継走の担い手は京都五山のうち天龍寺、相国寺、建仁寺、東福寺の碩学僧《せきがくそう》であり、のべ一二六代。お勤めで二度渡った再住、三度渡った三住もあり、世代としては八十九世まで続いた。京都五山の有力者からの吹嘘《すいきょ》を受け、南禅寺金地院の任命で輪番僧として対馬へ下った。対馬以酊庵での役割は漢文の読解と作成、朝鮮から対馬に来島する訳官使との応接、漂流民の名簿作成などで、真文、つまり漢文が日本と朝鮮の外交において書面に使用する際に正式に使用されてきた。実際には朝鮮人の倭学訳官や朝鮮語に長けた対馬藩士が存在してつないだが、以酊庵輪番僧は朝鮮との外交上、対面する際、必要とされる儀礼に長け、礼節をわきまえた知識ある文化人として活動した。朝鮮通信使来日の際には幕府の御用にて対馬で迎え、そこから幕府の本拠地である江戸まで接伴僧として同道した。その際に一行の要望を聞く役としても江戸時代の対朝鮮外交を円滑に運ぶために必要な存在であったはずである。本稿では両足院の高峰東《こうほうとう》晙《しゅん》が輪番した例を中心に見て、以酊庵輪番の交代と対馬から持ち帰った土産について記しておく。

対馬以酊庵への輪番

以酊庵での任期ははじめはだいたい一年間だったが、明暦元年（一六五五）の建仁寺清住院・茂源紹柏から二年の任期になっている。茂源の輪番時には朝鮮通信使の使節団来日にもあたっており、朝鮮王の命を受けた正使、副使、従事官を筆頭に訳官、写字官、馬上才、画員など朝鮮を代表する高い学識を備えた一行を連れて瀬戸内海を東へ進み、大阪で陸へ上がり、京都、中山道、東海道を歩いて江戸へ。日光までの接伴僧としても同行し、現場での臨機に応じる役目を担った。それは取り決めや定めが無いところからはじめられ、様々な事例に基づいて輪番は時を経て整えられていった。島の滞在が長くなる事例として建仁寺十如院の鈞天永洪は寛永二十年(一六四三)四月から一年、再住として正保四年(一六四七)五月から一年、三住として慶安三年(一六五〇)十月から承応二年(一六五三)二月十日に示寂した際にはすでに三年以上の在島となっており、次番の到着もないままに身罷られた。そうした事例をもとに任期は検討されるようになったであろう。

さて、交代に関しては対馬で交代の儀が執り行われた。対馬藩は以酊庵と京都との関係を大切にしている。対馬から迎使が京都へ次番となる輪番僧を迎えに出て、対馬まで道案内した。住持は身の回りの世話をする者たちを伴って、明石、室津、姫路、牛窓、三田尻(防府)、下関、勝本、そして対馬までの航路を旅した。京都から対馬までは到着するまで、その際の都合によって異なるが、長距離の移動には相応の時間を要した。相国寺慈雲庵・梅荘顕常の場合は五週間かかっており、長い例では相国寺光源院・大中周愚は先番の急死で正月前に出かけた時期的な原因もあるようだが、四か月かかっている。

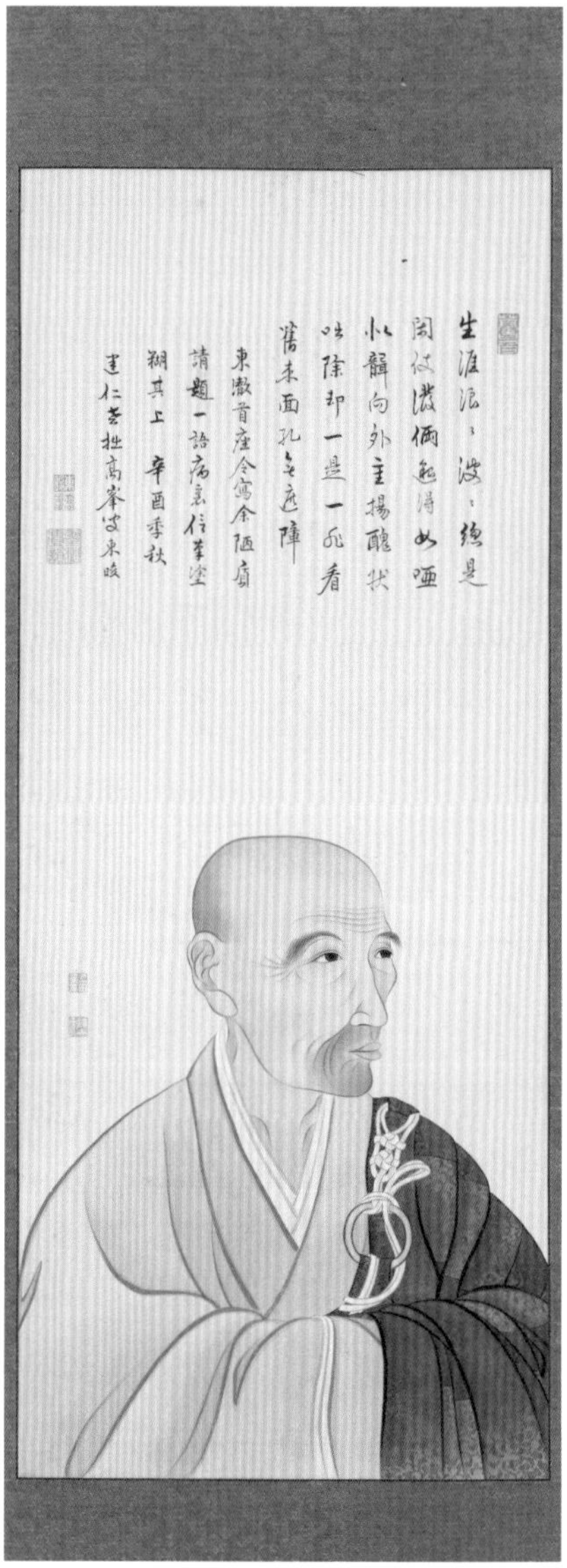

【図01】…高峰東晙像　自賛　絹本著色　江戸時代　享和元年(一八〇一)　両足院蔵

両足院からの輪番

建仁寺両足院の学僧・高峰東晙(一七三六~一八〇二)【図01】は五山文学研究の先駆をなす人物で、建仁寺開山栄西禅師の伝記や教学についての研究を進めている。両足院所蔵の書物での筆写本の多くは高峰によるものであり、江戸時代の学僧として高峰東晙の存在はひときわ目立っている。安永六年(一七七七)に建仁寺本山三三五世となり、以酊庵には安永八年に天龍寺妙智院・湛堂令椿の次番として対馬へ渡った。対馬赴任の際にこのような詩文を遺している。[1]

布帆西去通殊域
帰日庭松君好看
脈々臨分無別語
黙然只謂報平安

以酊庵住持職は誉れ高く位置づけられたが、絶海の孤島での生活は実際にはハードルの高いものであった。経済的にも入用が多く、輪番の際には借金をしてまでその任に就くという苦痛を伴う難事であった。責任者として現場をまとめる能力も要されたために経験豊かな高齢の僧が選ばれる傾向にあった。輪番僧には附医が随伴することになるのは元禄十一年(一六九八)以降からのこと[2]であるが、輪番中に病に伏し、絶海で示寂した例も少なからずあった。[3]さらには、前任者急死のために急いで輪番に向かう例や対馬在島時に体を壊し、帰山も途中で客死した例[4]のほか、帰山したものの、着後に没した例もある。以酊庵住持が自坊へ、帰山した後を任された随従もまた病にかかり示寂した例もあり、以酊庵滞在は厳しい環境であったことがうかがえる。(5) 輪番を引受けて任期を務めあげるには相当の覚悟が必要だったといえる。高峰の詩文からも殊域での要務を満了して恙なく平安に帰ることが第一の望であったと読み取れる。

両足院のなかからは両足院十世・雲外東竺《うんがいとうじく》の延宝期が初の輪番で、十三年前である一六五五年には朝鮮通信使の接判僧の任を預かった建仁の茂源和尚の徒弟として東竺は日光を一行とともに参詣している。自身が徒弟の時と以酊庵住持に上り詰めた際に入手した複数の漢詩文や書状は一隻の二曲屏風に貼り合わせて寺宝としている［図02］。両足院方丈の扁額「両足院」を揮毫した朝鮮人安《안》慎徽《신 휘》もここに名を連ねた人物で、釜山から対馬へ慰問のために渡っていた。その時に雲外大師、以酊庵大禅、つまり雲外東竺に宛てた書状である。調査において貼り交ぜた状態で見つかった屏風はもとの貼り合わせの配置の状態を維持しながら、二〇〇九年に修理を施した。紙幅はピンと皺を伸ばしているが、折り目跡が日焼けしており、畳んで届けられた様子も看取できる。十三世・高峰東晙は両足院としては二人目の輪番僧であり、その後の十四世・嗣堂東緝《しどうとうしゅう》は高峰の徒弟として高峰の輪番時に伴われた後に、二度の以酊庵住持職の輪番をした。さらにはそのあとにも十五世・荊叟東玫（一七九四〜一八八六）も三住して、京都と対馬の間を三度も行き来したが、いずれの輪番も無事に任期を全うし、両足院へ帰山している。

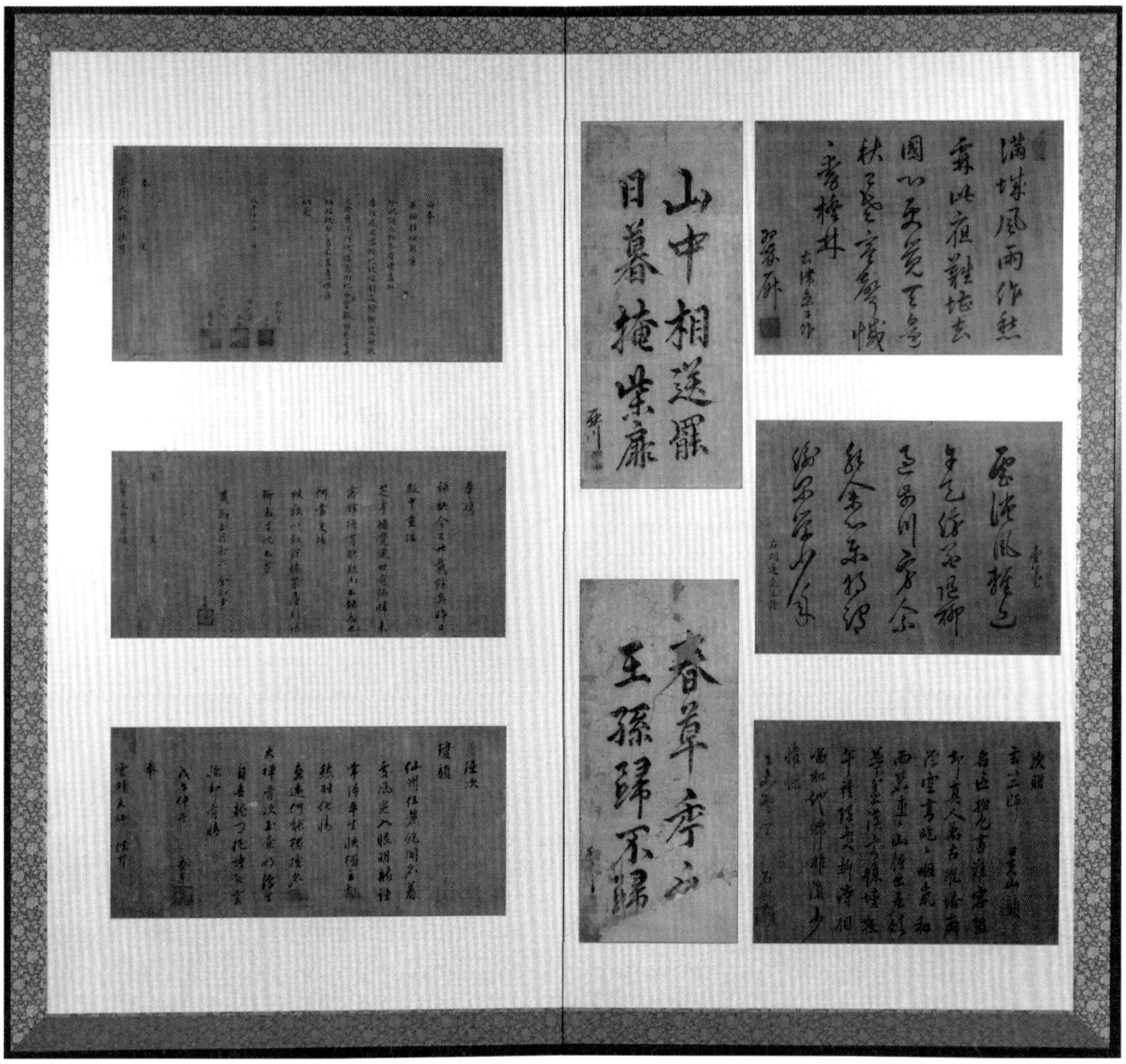

［図02］…朝鮮通信使詩文および訳官使書状貼交屏風　紙本墨書　江戸時代　明暦元年（一六五五）／延宝六年（一六七八）　両足院蔵

梅荘顕常からの送別詩

高峰東晙の以酊庵輪番は天明元年（一七八一）五月に終了し、次番となる相国寺一一三世・梅荘顕常（慈雲庵・大典蕉中　一七一九〜一八〇一）が二十二

【図03】…梅荘顕常筆「送両足和尚還京詩」紙本墨書
江戸時代 天明元年（一七八一） 両足院蔵

【翻刻と読み下し文】

（朱文楕円印「小雲栖」）

奉送
両足大和尚還京
豈少河梁思 殊方送別時
愁雲低雨後 征棹指天涯
十日歓難盡 三年遇那遅
只言帰旆処 万里不違期
島客顕常拝草

両足の大和尚京へ還るを奉送す
豈に河梁の思い少《な》からんや 殊方別れを送る時
愁雲雨後に低く 征棹天涯を指す
十日は歓び尽し難く 三年遇うこと那ぞ遅き
只だ言う帰旆の処 万里 期を違わざらんことを
島客 顕常 拝草す

（朱文方印「笠常之印」／白文方印「大典氏」）

（注釈）

○河梁…漢の李陵が匈奴で漢へ還る蘇武を送った送別の詩をさす。
○征棹…遠くへ行く船
○帰旆…使者が帰る際にもつ旗。転じて帰る人。

（訳）

遠く離れた辺境の地（対馬）であなたが都に帰るのを送る今この時、どうして（李陵が蘇武を送ったような）惜別の心がないことがありましょう。雨上がりの後、愁い雲が低く垂れこめ、遠くへ旅立つあなたの船は天の果てを指して行きます。十日の短い間ではあなたとの出逢いの歓びを尽くし難いですが、三年の任期交替で遇うのが遅れたことは如何ともしかたありません。ただ私が帰任する時も（あなたと同じように）万里かなたの都まで期限を違わず無事に帰れるようにと申し上げるのみです。

日に対馬厳原へ着岸し、先番の高峰が客館へ出て饗宴を催した。対馬から都へ還った高峰に送別の詩を送っている(6)（以下読み解きに関しては金文京先生よりご教示いただきました）。[図03]。

本詩は以下の自撰の詩集『北禅詩草』巻二[図04]に含まれている。

収録刊行となるまで十余年の歳月が過ぎ、尾聯が改作されている。相国寺本山や塔頭所在の史料調査を行い、精力的に見聞した小畠文鼎和尚は高峰と梅荘の深厚な間柄に触れつつも、私交を示す詩文はこの一首に限るとしている(7)。

高峰の対馬土産物

両足院蔵書に『対州土産物控』［図05］がある。東晙が輪番終了時に京都へ持ち帰る土産物の品目と数、具体的に差し上げる方、建仁寺関係者や南禅の金地和尚、相国の維明和尚、両足院大旦那の大村彦太郎などの名前を書き留めたものである。本紙は本来、高峰宛の書状で、その裏面を書付面として二つに折って綴じた、即席の手控え帖である。対馬由来の品と流通の様子が見て取れる。頻出するのが杉原（紙）であり、文房具はそのほかに硯や筆も散見する。数量として次に多いのは椎茸であり、これは対馬名産の品であり、食べ物はほかに海鹿藻《ヒジキ》、木耳《キクラゲ》、松子《マツノミ》、栢子《カヤノミ》、朝鮮蕎麦が見られ、対馬および朝鮮の名産である。やきものの類は朝鮮茶碗、久田茶碗、煎茶茶碗、香炉、鉢、深川焼、早岐焼など、朝鮮、山口、対馬ほかに九州にも及んでいる。九州鹿児島の名産で国分煙草も見られ、当時の土産物として珍重されたものが理解できる。しかし、本書は思いのままに羅列されたものであり、品目の頭に朝鮮、韓、唐のつくものが多いが、つかないものは判断できないが、頭につける手間を省いたのかもしれない。そうした中で朝鮮特有のものとその名称から判断できるものは胸背《きょうはい》［図06］と扇墜《せんつい》［図07］である。朝鮮の官服で、胸と背中に正方形に近い形状をした同じ図柄の二枚の刺繍を正面にあたる胸と背面に一枚ずつ貼り付ける手芸である。鮮やかに染めた絹糸を細やかに畳の目のように濃密に刺しており、鶴や鷺などの鳥が文官、虎や豹などの獣が武官を示し、その種類で正従の品、官位を表す標章である。扇墜は房状の装飾品であり、扇子の先に佩物として垂らし、揺らすものである。房は長く、衣類に結びつけるための用途もあり、しなやかで堅牢なものである。組紐の類にあたる染織品で胸背と扇墜はこの土産物控において女性と特定できる大村彦太郎の正室静女への土産である。京都で高峰の帰山を待つ人々に届けられたこともこの手控えが教えてくれる。高峰は自身の土産は記さないが、対馬藩太守公は高峰東晙の任期満了前に「朝鮮画」を贈呈している[8]。両足院に伝来した朝鮮絵画は朝鮮通信使に限らず以酊庵が存在する対馬からもたらされたという可能性があることも指摘したい。

このたびは花園大学で京都両足院の歴史、なかでも朝鮮の美術工芸に関心を募らせて対朝鮮関係を示す資料を検討する機会を得た。今後は両足院が所属する京都五山全体の動きにも着目して、未見の新資料を紹介するべく、ありのままの歴史を掘り起こし、未来へ伝えていきたいものである。

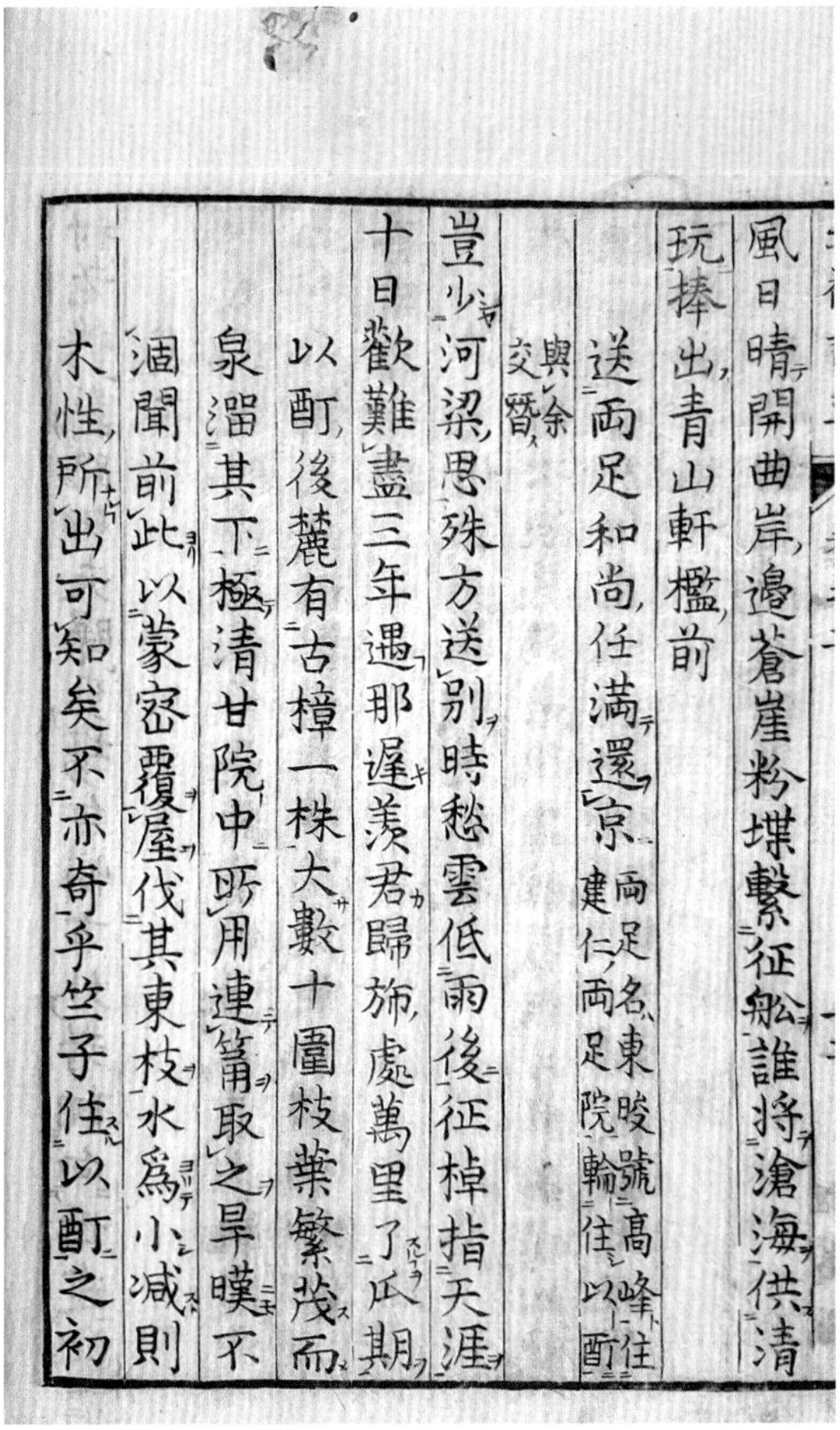
風日晴開曲岸邊蒼崖粉堞繫征船誰将滄海供清
玩捧出青山軒檻前
送両足和尚任満還京　両足名東晙號高峰住建仁両足院輪住以酊與余交舊
豈少河梁思殊方送別時愁雲低雨後征棹指天涯
十日歓難盡三年遇邪遅羨君帰旆處萬里了瓜期
以酊後麓有古樟一株大數十圍枝葉繁茂而
泉溜其下極清甘院中所用連筧取之旱暵不
涸聞前此以蒙容覆屋伐其東枝水爲小減則
木性所出可知矣不亦奇乎竺子住以酊之初

【図04】…梅荘顕常『北禅詩草』巻二　十二　寛政五年（一七九三）　瑞春院蔵

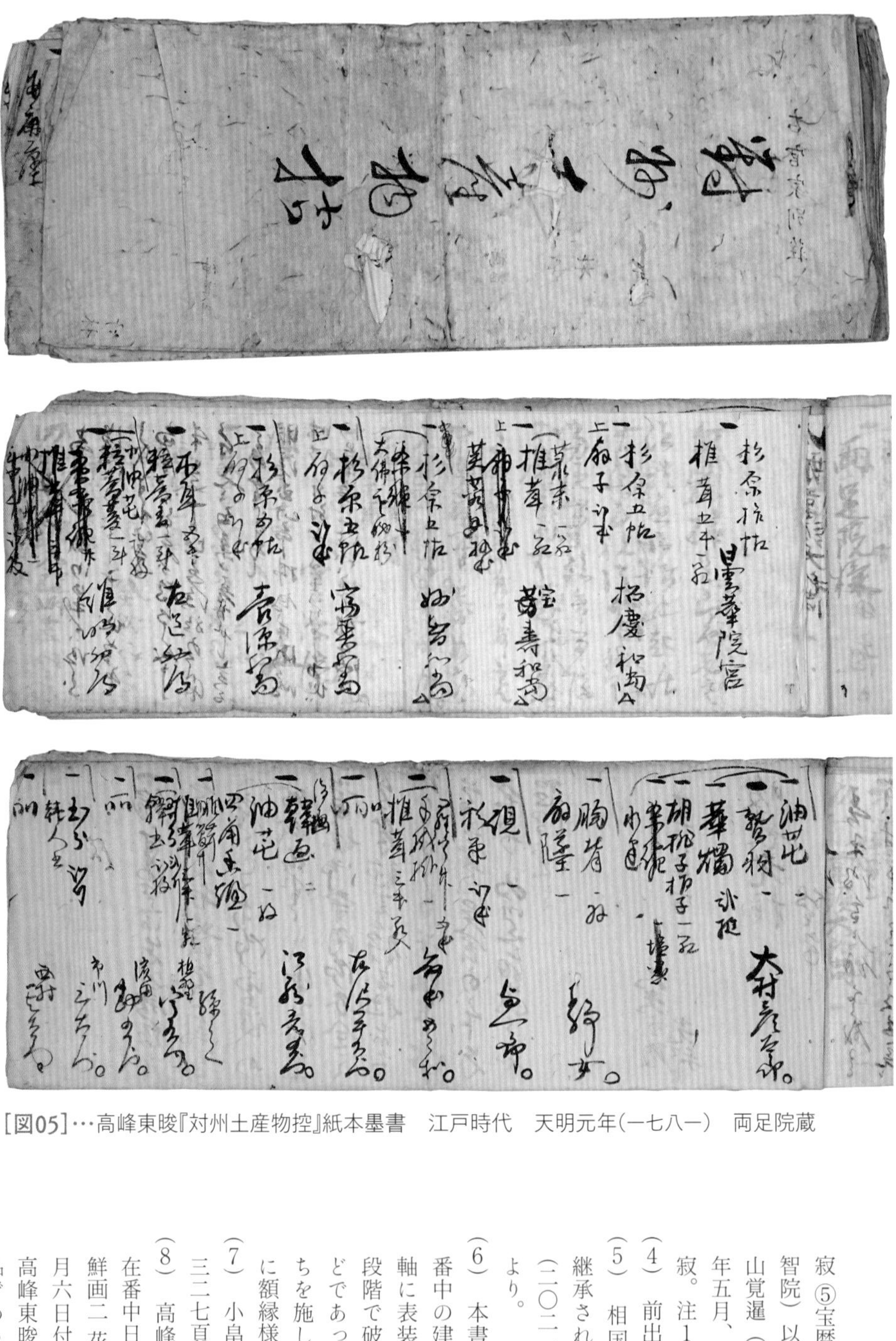

［図05］…高峰東晙『対州土産物控』紙本墨書　江戸時代　天明元年（一七八一）　両足院蔵

注

（1）伊藤東慎『黄龍遺韻』（両足院、一九五七年）七九頁より。

（2）泉澄一「江戸時代、日朝外交の一側面：対馬以酊庵輪番制度と関係史料について」（『関西大学東西学術研究所紀要』十、一九七七年）二七頁より。

（3）以酊庵輪番僧のうち対馬で客死した僧は以下の通り。①承応二年二月十日、鈞天永洪（建仁 十如院）以酊庵で示寂 ②寛文十二年六月二十五日、江岳元策（天龍 南芳院）以酊庵で示寂 ③天和元年十一月二十六日、汝舟妙恕（相国 光源院）以酊庵で示寂 ④享保元年二月十一日、関仲智悦（天龍 寿寧院）以酊庵で示寂 ⑤宝暦四年六月十八日、瑞源等禎（天龍 妙智院）以酊庵で示寂 ⑥安永六年二月七日、海山覚暹（建仁 常照院）以酊庵で示寂 ⑦文化九年五月、月耕玄宣（東福 未雲軒）以酊庵で示寂。注1六八～七三頁より。

（4）前出注2同。

（5）相国寺承天閣美術館『禅寺の学問――継承される五山文学 相国寺の歴史と寺宝Ⅱ』（二〇二一年十一月）四七頁、本多潤子氏解説より。

（6）本書のほかに対馬関係の書簡、以酊庵輪番中の建仁寺常光院の環中玄諦への漢詩も一軸に表装されて保管されていたが、調査時の段階で破損状態が著しく、開閉もできないほどであった。修理と保存のために解いて裏打ちを施して虫損を補修して、展示できるように額縁様式のマットも制作して保管した。

（7）小畠文鼎『大典禅師』（同朋舎）三二六～三二七頁より。

（8）高峰東晙の以酊庵在番中の日誌『対州御在番中日記』（両足院蔵）には「太守公ヨリ朝鮮画二 花蝋三 韓墨一 香丹子一」（天明元年四月六日付）とあり、対馬藩主・宗猪三郎から高峰東晙へ以酊庵輪番満了前に渡された贈答品である。

付記　本稿の画像の利用に関しては両足院をはじめ相国寺瑞春院様、禅文化研究所よりご協力を賜わりました。また金文京先生よりは漢詩に関しご教示いただきました。関係各位に記して御礼申し上げます。

（右上）［図06］…動物の種類によって官位を示す標章、胸背。
本図の胸背の動物は鶴であり、鳥類は文官を示す。
（李吉輔 肖像　韓国・国立中央博物館蔵〈本館No. 10121〉出典：e뮤지엄（https://emuseum.go.kr））

（左上）［図07］…手にした扇子に垂らされた組紐の装飾、扇墜。

本図では扇子に組紐で香匣を下げている。

（蔡濟恭 肖像 李命基筆　韓国・水原華城博物館蔵〈寄贈No. 5〉出典：e뮤지엄（https://emuseum.go.kr））

一六三五年（寛永十二）柳川一件 以酊庵二世規伯玄方は連座して南部（盛岡）へ流配（外交僧の不在） 京都五山碩学僧による以酊庵輪番制のはじまり（以降御用廃止まで継続）	
一六三六年（寛永十三）	第四回通信使（泰平の賀）
一六四三年（寛永二十）	第五回通信使（家綱誕生祝賀）
一六五五年（明暦元）	第六回通信使（家綱襲職祝賀）
一六八二年（天和二）	第七回通信使（綱吉襲職祝賀）
一七一一年（正徳元）	第八回通信使（家宣襲職祝賀）
一七一九年（享保四）	第九回通信使（吉宗襲職祝賀）
一七四八年（延享四）	第十回通信使（家重襲職祝賀）
一七六四年（宝暦十四）	第十一回通信使（家治襲職祝賀） 崔天宗殺人事件 梅荘顕常／南玉『萍遇録』
（一七七九～一七八一年（安永九年から天明元年）建仁両足院・高峰東晙、以酊庵第六十世） （一七八一～一七八三年（天明元年から天明三年）相国 慈雲院・梅荘顕常、以酊庵第六十一世） 一七八一年五月二十二日　以酊庵先番（高峰東晙）、次番を招き客館へ御出 四月十三日　梅荘顕常（次番）慈雲庵を出発 二十四日　高峰東晙 出帆、二十五日下関着 六月十五日　高峰東晙、両足院へ帰山、入院 高峰東晙『対州土産物控』（両足院）［図05］ 高峰東晙『対州御在番中日記』（両足院） 一七九二年（寛政四）梅荘顕常『北禅文草』巻四「西海紀行」「東帰紀行」 一七九三年（寛政五）梅荘顕常『北禅詩草』巻二「送両足和尚任満還京」［図04］	
一八一一年（文化八）	第十二回通信使 対馬聘礼（家斉襲職祝賀）
一八六六年（慶応二）　十二月七日に以酊庵輪番は御用廃止決定となる。	

堀川貴司……HORIKAWA Takashi

斯道文庫による両足院蔵書調査について 第二十五番函を例に

斯道文庫では、これまで行った調査に基づき、両足院蔵書の精密な目録の作成を目指している。その中間報告として、ある箱に収められた典籍の目録稿を示し、そこから読み取れることとして、院主高峰東晙《こうほうとうしゅん》の典籍収集と注釈研究活動、近世学僧たちの活発な典籍発掘と校刊、それを支える仏書専門書肆の動きなどについて、概略を述べる。

はじめに

稿者の所属する慶應義塾大学附属研究所斯道文庫では、一九九五年から毎年継続的に両足院蔵書の調査を行ってきた。二〇一九年までにほぼその全体を調査し、一部撮影（貴重書の全冊をマイクロ撮影、全点のサンプルをデジタル撮影、ただし後者は未完）を行い、再点検に入りかけていたところでコロナ禍により中断を余儀なくされた。そこで、調査カードと撮影データに基づき、近年急速に公開が進んだ各種データベースの画像や書誌を利用、また閲覧を許されたいくつかの仏教系大学の図書館蔵書（特に駒澤大学図書館にはお世話になった）などとも比較し、目録を作る作業をこの三年ほど続けている。

調査メンバー（当時）および稿者も参加した科学研究費補助金による悉皆調査（基盤研究B：16320046、19320055。代表は京都国立博物館（当時）赤尾栄慶氏）が二〇〇四年から二〇一〇年までの七年間行われ、その成果として書誌データ集成『五山禅宗寺院に伝わる典籍の総合的な調査研究――建仁寺両足

慶應義塾大学附属研究所斯道文庫長・教授。専門は日本漢文学・書誌学。著書に『書誌学入門――古典籍を見る・知る・読む――』（勉誠出版、二〇一〇年）、『五山文学研究　資料と論考』（笠間書院、二〇一一年）、『続五山文学研究　資料と論考』（笠間書院、二〇一五年）などがある。

院所蔵本を中心に』(第一～六十番函)『建仁寺両足院に所蔵される五山文学関係典籍類の調査研究』(二冊、第六十一～百二十番函、第百二十一～百八十一番函・番外・別置および補遺)が刊行され、おおよその蔵書内容が広く知られるに至ったが、その内容も踏まえ、さらに精密なものを目指そうとしている。

本稿では、稿者が再点検を担当した第二十五番函の蔵書について、現状調べ得た情報を基に目録稿を掲げ、そのなかからいくつかの事例を紹介したい。紙幅の都合で先行研究や他伝本の所在等は省略し結論のみを示す。なお、目録については、記述方法・内容ともに作業メンバーの山城喜憲・住吉朋彦・高橋悠介・矢島明希子との検討に基づき、最終的には稿者の判断によるが、まだ不完全なところがある。以下言及する蔵本には略称も用い、(　)内に斯道文庫で付した番号を示す。

概要

両足院蔵書のうち函番号の若いものは、経典およびその注釈が占め、この函は『金剛般若経《こんごうはんにゃきょう》』と『般若心経《はんにゃしんぎょう》』の関係書が集成されている。このうち前者は『円覚経《えんがくきょう》』と並んで禅宗においてもよく読まれ、後者もまた日常的に読誦するものであるが、他宗派においても同様で、多様な注釈が存在する。別表目録では函内の順番を入れ替えて、それぞれ原典・インド注釈(論)・中国注釈(注疏、ただし日本での再注釈も含む)・日本注釈の順に掲げた。ついで、それらに含まれないもの(論および中国・日本の語録など)を本稿末尾にまとめた。

高峰東畯(一七三四～一八〇二)による収集と研究

まず『金剛般若経』について。後世の注釈のほとんどは鳩摩羅什《くまらじゅう》訳に基づくものであるため、高峰は、『大般若経』の一部である玄奘三蔵《げんじょうさんぞう》訳を除いた他の翻訳、およびインド撰述の論(26『金剛般若論』は笈多《ぎゅうた》訳を含む)を、宝暦十二年(一七六二)前後に建仁寺所蔵高麗大蔵経から転写している。高峰二十代後半の頃である。

中国における注釈は多数に上るが、日本における流布度はまちまちで、『金剛般若波羅蜜經註《こんごうはんにゃはらみつきょうちゅう》解《かい》』(1)は五山版が二種あり、またいわゆる『川《せん》老金剛経《ろうこんごうきょう》』(20)も寛永版以降広汎に流布、ともに禅宗における基本典籍の一つと言ってよいもので、これらは高峰以前から両足院歴代の手沢本であろう。しかし高峰はそこにとどまらず、各宗派の注釈を幅広く見ようとしていたところに、突如出現したのが9・10・11の僧肇《そうじょう》注であった。訳者鳩摩羅什の弟子によるものであるから、中国における最も重要な注釈と言ってよい。三本現蔵するうち二本が高峰手沢本で、それぞれ校注を書き入れて研究し、さらに27『金剛経肇注枝蔓《こんごうきょうじょうちゅうしまん》』という、これのみを対象とした注釈まで作っている〔図01〕。これには附刊された金龍敬雄《きんりゅうけいゆう》の『助覧』への対抗意識もあったろう。さらに光謙の注釈を附刊した天台智顗《てんだいちぎ》の疏(21)にも校注書入が見える。

こうした準備のもと、『金剛経枝蔓』(16)という注釈書を撰述し〔図02〕、僧肇注に基づいた講義を建仁寺内で天明元年(一七八一)および三年に行っている(45)。両者の前後関係は不明であるが、宝暦末から始まった一連の研究がこの二書において完成を見たというところであろう。

『般若心経』については自ら注釈を試みているわけではないが、やはり各種の訳を高麗大蔵経から転写(19)、最も基本となる法蔵疏《ほうぞうしょ》については、江戸中期の学僧神光《しんこう》の頭注がある疏記会本《しょきえほん》(7)や、高峰が最も意識していた学僧である無著道忠《むじゃくどうちゅう》の考証(44)も入手している。それ以前から、利峰東鋭《りほうとうえい》(一五六四～一六四三)や雲外東竺《うんがいとうじく》(一六三〇～一七三〇)手沢の日本人注釈書もあり、当然ながら歴代が関心を寄せていたことがわかる。

近世版本の種々相

*稀少伝本を用いた出版

『金剛般若疏』(2)は古写本に基づくと思われるが、親本をたどることが出来ず、近代以降も卍続蔵・大正蔵とも両足院蔵本の同版本と思われるものを底本に用いている。先述した僧肇注(9・10・11)も卍続蔵の底本は敬雄校訂本である。『佛説金剛般若波羅蜜經略疏《ぶっせつこんごうはんにゃはらみつきょうりゃくしょ》』(31)は、江戸

【図01】…『金剛経鞏注枝蔓』(27)巻首　両足院蔵

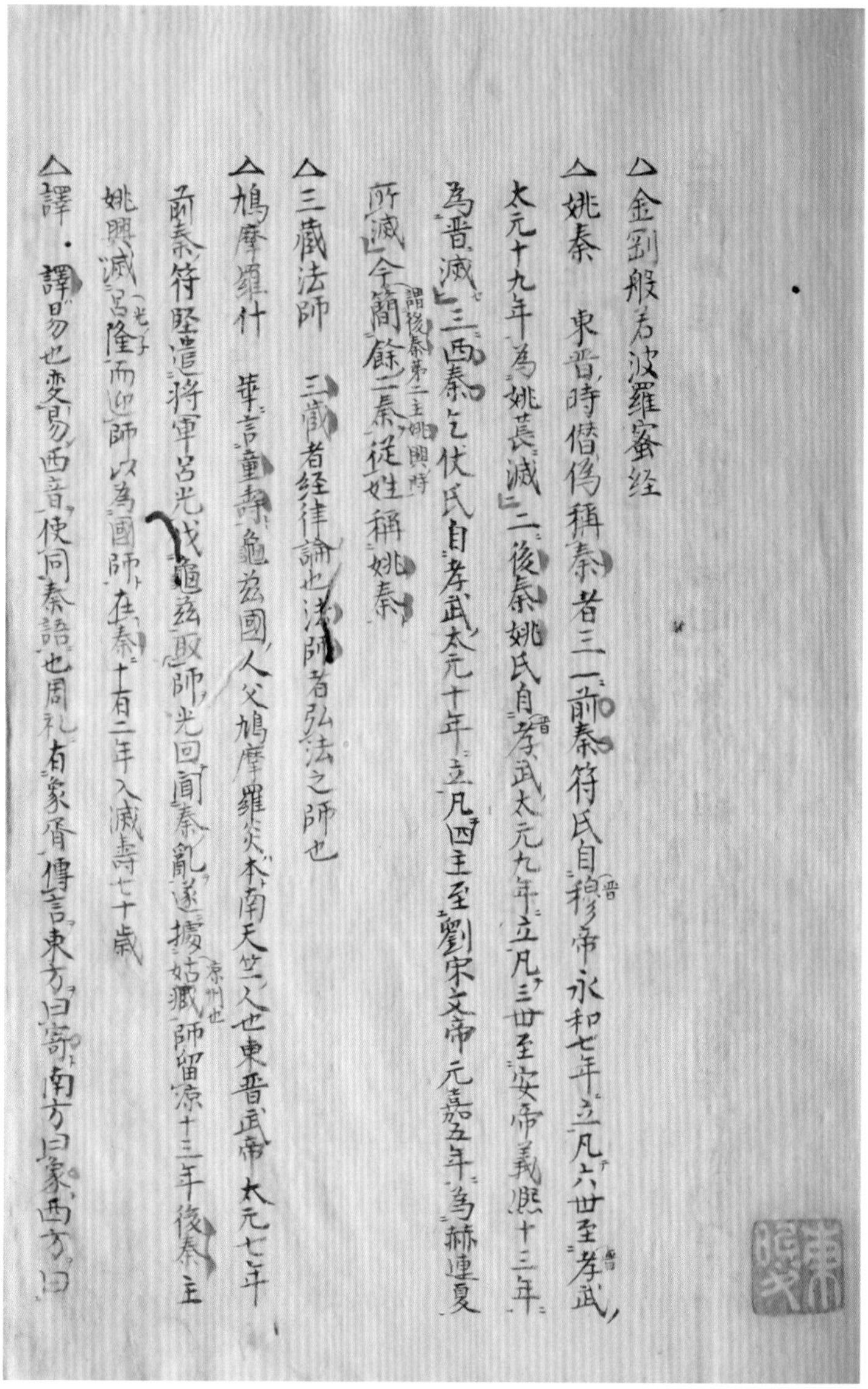
△金剛般若波羅蜜経
△姚秦　東晋時僭偽稱秦者三一前秦苻氏自穆帝永和七年立凡六世至孝武
太元十九年為姚萇滅二後秦姚氏自孝武太元九年立凡三世至安帝義熙十三年
為晋滅三西秦乞伏氏自孝武太元十年立凡四主至劉宋文帝元嘉五年為赫連夏
所滅今簡餘二秦従姓稱姚秦
△三蔵法師　三蔵者経律論也法師者弘法之師也
△鳩摩羅什　華言童壽亀茲國人父鳩摩羅炎本南天竺人也東晋武帝太元七年
前秦苻堅遣将軍呂光伐亀茲取師光回前秦亂遂據姑臧師留涼十三年後秦主
姚興滅呂隆而迎師以為國師在秦十有二年入滅壽七十歳
△譯・譯易也変易西音使同秦語也周禮有象胥傳言東方曰寄南方曰象西方曰

中期の学僧である僧濬《そうしゅん》（鳳潭《ほうたん》）が転写した南宋刊本（高麗刊本に基づく）を翻刻し音釋を付したもの。大正蔵は高麗蔵本に基づく。

『解義節要《げぎせつよう》［私抄《ししょう》］』（17）は、文禄慶長の役で朝鮮・明との交渉役として活躍した禅僧景轍玄蘇《けいてつげんそ》が明万暦帝から下賜された般若心経注釈書を、その弟子の規伯無方《きはくむほう》（玄方《げんぽう》）が抄物にしたもので、元禄六年に抄物部分を除いた原本本文のみの刊本が出て、これを底本に卍続蔵に収められた。原本の唐本は知られない。

＊版木の移動や覆刻による息の長い供給

『川老金剛経』（20）は、唐慧能《えのう》注に宋道川《どうせん》の頌と注を合体させ、さらに『註解』（1）の注を一部加えているため、同書康暦刊語も付いていて誤解を招きやすいが、寛永九年が日本での初刊であろう。中野市右衛門→中野小左衛門→中野宗左衛門と刊記のみ彫りかえ、元禄頃に小川源兵衛（書籍目録による）に移った。その後覆刻版が天龍寺僧堂蔵版として小川多左衛門→出雲寺文次郎→貝葉書院と移動、近代に至る。

『山菴雑録《さんあんざつろく》』（50）は古活字版が二種あり、川瀬一馬の言う（イ）種を覆刻した田原仁左衛門が整版本初刊、無刊記を経て大和屋伊兵衛に移るが、天明八年（一七八八）の京都大火にて焼失、寛政八年（一七九六）出雲寺文次郎が覆刻している。

江戸後期、京の版元の版木が大坂に移動していく（拙著『書誌学入門』（勉誠出版、二〇一〇年）七一頁に実例を挙げた）が、仏書に関しては踏みとどまっているように見える。本山寺院との関係や、安定した収入源の確保という意味があろう。しかし弱小版元は消えて、禅籍で言えば小川源兵衛・同多左衛門などいくつかの大きな版元に集約される傾向が見て取れる。

＊前期の嘉興蔵《かこうぞう》・黄檗版インパクト

『疏論纂要《しょろんさんよう》』（24）の両足院本は明暦二年三浦勘兵衛尉刊本で、これが寛文五年田原仁左衛門の刊記のある本と同版、ところが田原の同年同刊記のある覆嘉興蔵本も二種あり、同一著者による本書の再注釈書『刊定記《かんていき》』（37）のほうは覆嘉興蔵無刊記本を田原が再度覆刻している。黄檗版の刊行と雁行して、それまでの刊本と入れ替わるように覆嘉興蔵の単行本を出版する流れがあったものであろう。ただし、初期黄檗版はそれらを取り込んでいる場合もあり、両者の関係は複雑である。

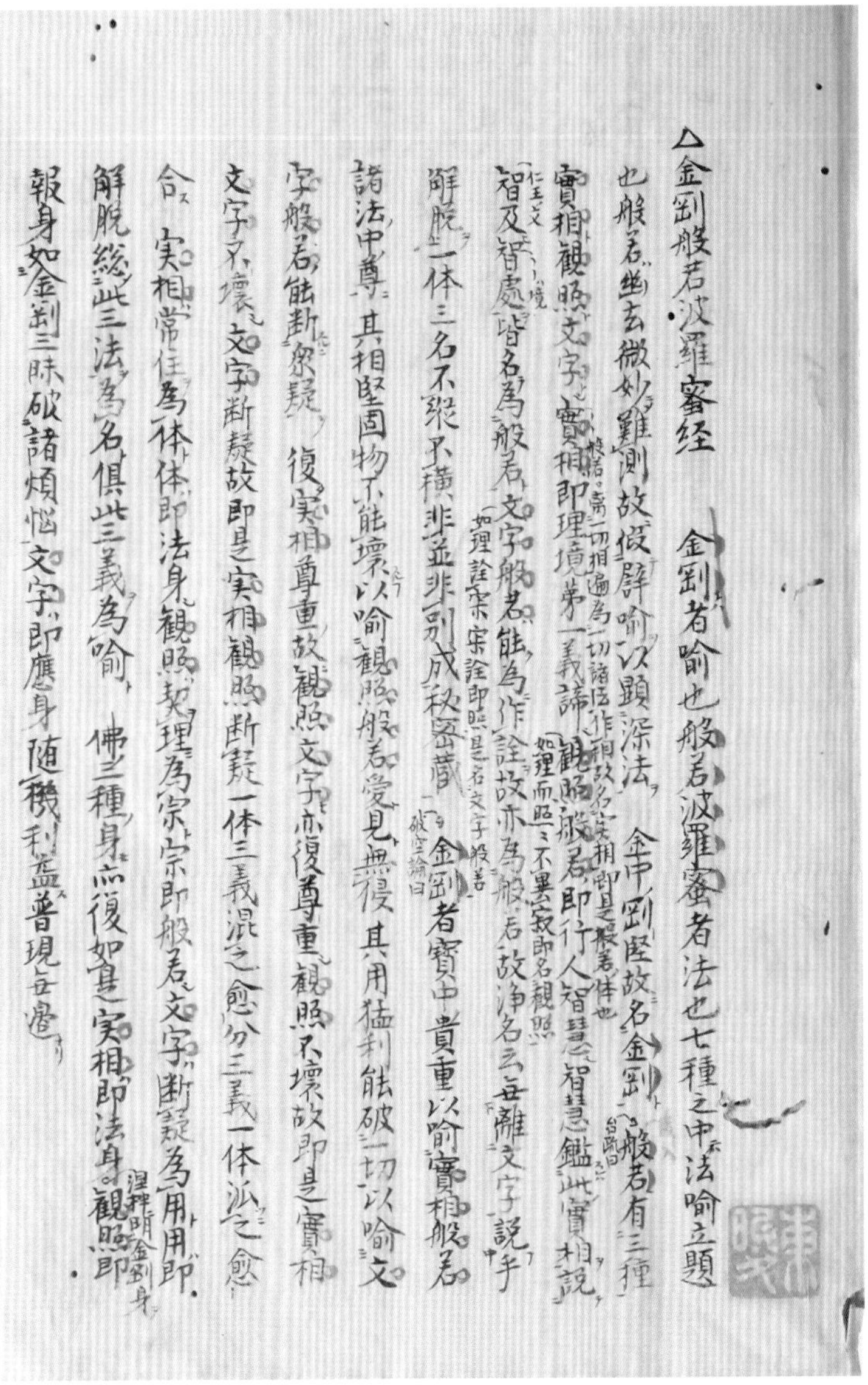

【図02】…『金剛経枝蔓』(16)巻首　両足院蔵

＊近世を通じて残る中世的性格

中巌円月《ちゅうがんえんげつ》の語録（54）は『東海一漚集《とうかいいちおうしゅう》』と併せて、その学識を慕う近世の禅僧が長年かけて作品収集を行い、明石大蔵院《あかしだいぞういん》蔵版本として刊行したもの。『心経忘算疏《しんぎょうもうはいしょ》』（48）は名古屋の禅僧の注釈書を地元の在家信者の喜捨により刊行したもの。もちろん専門書肆の関与はあるものの、『佛光禪《ぶっこうぜん》師語録《じごろく》』（55）のように大勢の僧俗の喜捨を得て刊行された中世的な出版形態が、根強く生きていることを示している。

おわりに

両足院蔵書といえば古い書物ばかりに目が行きがちで、確かに宋元版・朝鮮版・五山版・古活字版・室町写本など貴重な書物を豊富に蔵するが、近世の歴代住持が必要に応じて入手したその時代の新刊本（古書での入手も含まれるだろう）にも、今となっては稀覯本であったり、近代以降の流布にも影響を及ぼしたりといった重要性を持ったものがある。また、同版・異版の調査を行うことによって、近世版本の主流の一つである仏書の刊行について様々な情報が得られ、近世出版史の解明に貢献できるだろう。近年目を見張る充実ぶりを見せる仏教系大学図書館の書誌情報に力を得て、今後もそのような努力を続けていきたい。

【追記】　二〇二二年十二月、三年ぶりに両足院蔵書の調査が再開された。本稿で扱った函の典籍についても、再点検することが出来た。調査再開をお認めくださった両足院の伊藤東文住職、伊藤東凌副住職に深謝申し上げる。

成立	その他
[幕末明治]寫([荊叟東玫])	
寶暦12年9月寫(高峰東晙)/轉寫高麗高宗25年刊藏經本	
寶暦12年9月寫(高峰東晙)/轉寫高麗高宗26年刊藏經本	「髙/峯」「東/晙」印
寶暦12年10月寫([高峯]東晙)/轉寫高麗高宗25年刊藏經本	「東/晙」印
[江戸中期]寫([高峯東晙])/轉寫[高麗高宗28年]刊藏經本	
[江戸中期]寫([高峯東晙])/轉寫高麗高宗30年刊藏經本	
寶暦12年10月寫([高峯]東晙)/轉寫高麗高宗(頌)29年(釋)30年刊藏經本	「髙/峯」「東/晙」印
寶暦12年11月寫(高峰東晙)/轉寫高麗高宗30年刊藏經本	
[江戸中期]寫([高峯東晙])/轉寫[寶暦13年2月]刊本	訓注書入/天明元年8月並同3年4月至6月講義識語
寶暦13年2月刊(京・小河源兵衛等二都五肆)	[高峯東晙]據古寫本校注書入/「兩/足」印
寶暦13年2月刊(京・小河源兵衛等二都五肆)	[高峯東晙]校注書入/「東/晙」「晙」「兩/足」印
寶暦13年2月刊(京・小河源兵衛等二都五肆)	「兩/足」印
[江戸中期]寫([自筆稿本])	「東/晙」印
[江戸前期]刊	
元文2年7月刊(京・小川多左衛門)(浅野久兵衛との相合版の後印単独版か)	[高峯東晙]校注書入
享保2年7月跋刊([京・中野宗左衛門])/[後印](京・興文閣小川源兵衛)	「兩/足」印
享保14年3月刊(大坂・大野木市兵衛/京・山本平左衛門)/翻[僧濬]寫宋乾道5年9月刊本	
明暦2年5月刊([京]・三浦勘兵衛尉)	「兩/足」印
[江戸前期]刊(京・田原仁左衛門)/覆[江戸前期]刊(覆明崇禎9至10年刊藏經)本	朱批點
[明暦元年10月]刊([京・中野小左衛門])/後印(京・興文館小川源兵衛)	荆叟東玫手澤/「眞/際」印
寛永9年3月刊([京]・中野市右衛門)	[雲外東竺]校補書入
寛永18年2月序刊[後印]	訓点補注書入
明萬暦元年刊(三山南臺后浦復初庵)	「兩/足」印
[近世初]寫/轉寫應永27年12月南禅[寺]雲臥[庵]刊本附康暦2年8月臨川寺刊本刊記	附訓附注本/「兩足院」印
天和3年冬刊(京・友松堂[小川源兵衛])	
天和3年冬刊(京・千種市兵衛)	「光/淨」「暹/澄」印
清康熙20年12月跋刊(古猷趙嶽生等5名)	「成滿寺藏本」印
[江戸前期]寫([天倫(雲外)東竺])	「天/倫」印(1の首書部分を抄出したもの)
[江戸中期]寫([自筆稿本])	「東/晙」印

[別表]…第25番函目録稿

(内容別に再配列したもの、斯道文庫では昭和頃の目録に基づき内容を勘案して番号を付しているので、赤尾科研と一部異なる場合がある。8・12・22は欠番。)

赤尾	斯道	書名	冊数	撰者
金剛般若経関係				
4	4	金剛般若波羅蜜經	和半1册	姚秦釋鳩摩羅什譯
30	29	金剛般若波羅蜜經	和半1册	元魏釋菩提流支譯
48	47	金剛般若波羅蜜經	和半1册	陳釋真諦譯
26	25	佛說能斷金剛般若波羅蜜多經	和半1册	唐釋義淨譯
27	26	金剛般若論[2]卷/存卷上・尾闕	和半1册	無著撰/隋釋達磨笈多譯
40	39	金剛般若波羅蜜經論3卷	和半1册	天親造/元魏釋菩提流支譯
44	43	能断金剛般若波羅蜜多經論頌1卷・論釋3卷	和半1册	(頌)無著菩薩造・(釋)無著菩薩造・世親菩薩釋/唐釋義淨奉制譯
39	38	金剛般若波羅蜜經破取着不壊假名論2卷	和半1册	功徳施菩薩撰/唐釋地婆訶羅等奉詔譯
46	45	金剛般若波羅蜜經	和大1册	姚秦釋鳩摩羅什譯/釋僧肇注
9+12	9	金剛般若波羅蜜經・附肇公注金剛經助覽	和大2册	姚秦釋鳩摩羅什譯/釋僧肇注/日本釋敬雄點/(附)點者編
10+13	10	金剛般若波羅蜜經・附肇公注金剛經助覽	和大2册	姚秦釋鳩摩羅什譯/釋僧肇注/日本釋敬雄點/(附)點者編
8+11	11	金剛般若波羅蜜經・附肇公注金剛經助覽	和大2册	姚秦釋鳩摩羅什譯/釋僧肇注/日本釋敬雄點/(附)點者編
28	27	金剛経肇注枝蔓(外題)	和半1册	[釋高峯東晙]撰
2	2	金剛般若疏(題簽金剛般若經義疏)4卷	和大4册	隋釋吉藏撰/闕名校並注
22+23	21	合刻金剛般若波羅蜜經疏・合刻金剛経疏俗談	和大2册	姚秦釋鳩摩羅什譯/隋釋[智顗](智者大師)疏/[日本釋光謙]點/(談)釋光謙撰/釋古雲編
37	36	金剛般若波羅密經[註]3卷	和大3册	[姚秦釋鳩摩羅什]譯/唐釋慧淨注/日本釋義空[校并]點
33	31	佛說金剛般若波羅蜜經略疏(題簽金剛般若波羅蜜經略疏會本)2卷	和大2册	元魏釋留支譯/[唐]釋智儼疏/闕名音釋・校並點
25	24	金剛般若經疏論纂要4卷	和大1册	[姚秦釋鳩摩羅什]譯/唐釋宗密撰/宋釋子璿編/闕名點
38	37	金剛經纂要刊定記7卷・附音釋	和大7合3册	宋釋子璿撰/闕名點
32	32	金剛般若波羅蜜經(題簽金剛經六祖解義)2卷	和大2册	梁[蕭統](昭明太子)編/唐釋慧能注/闕名校並點
21	20	金剛般若波羅蜜經[注](題簽金剛經註、序題川老金剛經)3卷	和大3册	姚秦釋鳩摩羅什奉詔譯/唐釋六祖[慧能]/宋釋冶父[道]川頌並注/闕名點
36	35	金剛般若波羅蜜經[川老頌古評記](下卷首題金剛經川老頌古評記)2卷	和大2册	姚秦釋鳩摩羅什譯/宋釋冶父道川頌並注/日本釋宗潛(龍溪性潛)注[并點]
5	5	集註金剛般若波羅蜜經(尾題)(目録題十七家解註金剛經)4卷・首圖1卷	唐大2册	姚秦釋鳩摩羅什奉詔譯/宋楊圭・潘舜龍編/楊宗元校
1	1	金剛般若波羅蜜經註解	和大1册	姚秦釋鳩摩羅什譯/明釋宗泐・釋如玘撰/釋祖杲等校/闕名首書並點
14	13	金剛般若波羅蜜經破空論(題簽金剛經破空論)不分卷・附金剛般若波羅蜜經觀心釋1卷	和大2册	姚秦釋鳩摩羅什譯/明釋智旭論/闕名點
24	23	般若波羅蜜多心經釋要・金剛般若波羅蜜經觀心釋・金剛般若波羅蜜經破空論	和大1册	明釋智旭撰/闕名點/(般)[唐釋玄奘]譯・(破)姚秦釋鳩摩羅什譯
47	46	金剛般若波羅密經淺解	唐大1册	清翁春/王[錫](錫)琯撰
31	30	金剛〈考〉(外題)	和大1册	闕名撰
17	16	金剛経枝蔓(外題)	和半1册	[釋高峯東晙]撰

寶暦12年夏寫(高峰東畯)／轉寫高麗高宗25至33年刊藏經本	
正德5年5月刊(京・長田調兵衛等二都三肆)	髙峯東畯手澤本／「髙／峯」「東／畯」印
[江戸中期]寫(2筆)	「[夏]堅」印記
正保2年11月跋刊([京]・敦賀屋久兵衛)	「両足院」印
正保2年11月跋刊([京]・敦賀屋久兵衛)	金剛品院浄珎所持識語・明治7年4月峻厓[東佺]所得識語
慶安3年9月刊(京・村上平樂寺)	「兩足院」印
寛永16年10月刊([京]・田原仁左衛門)	[利峯東鋭]補注書入／「両足院」印
明和7年8月寫([髙峯東畯])／傳寫承元3年4月寫本	「髙／峯」「東／畯」印
元禄6年7月刊([京]・武村新兵衛)	雲外東竺手澤本／「東竺／之印」「兩足院」印
寶永3年2月刊(京・出雲寺和泉掾／江戸・同店)／覆[江戸前期無刊記]本	[髙峯東畯]補注書入／「髙／峯」「東／畯」印
[江戸前期]刊／覆[慶長11年6月跋古活字]本	補注書入／「月／海」印
[江戸中期]刊／後印(京・興文閣小川源兵衛)／覆[貞享2年春跋]刊本	
[江戸中期]寫	
明和2年8月刊(京・菊屋安兵衛)[後印](京・菊屋安兵衛／大坂・藤屋彌兵衛)	
文政11年4月跋刊附12年4月序(名古屋・菱屋久兵衛等3所5肆／名古屋・杉本玄道捨財)	
正德元年夏刊[後印](京・錦山堂玉枝軒植村藤右衛門／河南氏四郎右衛門)／覆承應3年5月跋刊本	高峯東畯手澤／「高／峯」「東／畯」印
寛保3年正月刊(大坂・河内屋伴宇兵衛)	
延寶2年10月刊([京]・村上勘兵衛)／覆嘉興藏本	
寛永20年2月跋刊(京・田原仁左衛門)／覆古活字版(川瀬氏分類(イ)種)	[雲外東竺][高峯東畯]書入／「両足院」「東／竺」印記
[南北朝]刊([雷峯妙霖／圓覺寺萬年山正續院藏版])／覆[南北朝初]刊本	[建仁寺]大統庵舊藏・古澗慈稽手澤／「慈／稽」「兩足院」印
寶暦12年7月序刊[明和元年11月跋]印([明石大藏院藏版、京・小川源兵衛])	「兩足院」印／五十八番函東海一漚集僚册
慶安2年9月刊[後修]([京]・中野道伴)	建仁寺靈源院舊藏・一枝龍仙手澤／「霊源」「龍／仙」印
[江戸中期]寫	

般若心経関係				
20	19	摩訶般若波羅蜜大明呪經・般若波羅蜜多心經・普遍智蔵般若波羅蜜多心經・般若波羅蜜多心經・佛説聖佛母般若波羅蜜多經(外題異譯心經)	和大1册	(摩)姚秦釋鳩摩羅什譯・(前般)唐釋玄奘譯・(普)[唐]釋法月譯・(後般)[唐]釋般若共利言等譯・(聖)[宋]釋施護奉詔譯
7	7	般若心經疏顯正記(標注題校正首注般若心經疏顯正記)3巻	和大3册	[唐]釋法藏撰/[宋]釋仲希注/日本釋神光標注並點
45	44	般若心経法藏疏考證	和半1册	釋[無著]道忠撰
41	40	摩訶般若波羅蜜多心経[註解](版心心経註解)	和大縦長1册	[明何道全](松溪道人無垢子)撰/東山圓通峯之屮庵某點
42	41	摩訶般若波羅蜜多心経[註解](版心心経註解)	和大縦長1册	[明何道全](松溪道人無垢子)撰/東山圓通峯之屮庵某點
18	17	般若波羅蜜多心經解義節要[私抄](版心題心經抄)	和大1册	唐釋玄奘奉詔譯/明無念居士編/日本釋規伯無方注並點
43	42	般若心経秘鍵[文林](版心文林)	和大縦長1册	[釋空海](遍照金剛)撰/釋[亮典](文性)注
19	18	般若心經畧釋	和大1册	釋眞興撰
6	6	大覺禪師拾遺録(跋題)(梵語心經・摩訶般若波羅蜜多心經[心要]・大覺禪師省行文・建長法語規則・大覺禪師遺誡・相州路鎌倉縣粟船山常樂寺定規・大覺開山塔)	和大1册	釋蘭溪道隆撰/無生居士・釋梅峰竺信編
15	14	般若心經注解	和大1册	[唐][釋玄奘奉詔]譯/日本釋虚應圓耳科並注
16	15	般若心經注解	和大1册	[唐][釋玄奘奉詔]譯/日本釋虚應圓耳科並注
35	34	般若波羅蜜多心經略解・附教觀二十頌	和大1册	[唐釋玄奘]譯/日本釋慈山注
3	3	般若心經[註解]	和半1册	唐釋玄奘譯/釋盤珪[永琢]注
29	28	摩訶般若波羅蜜多心經決談鈔	和大1册	[姚秦釋鳩摩羅什]譯/日本釋湛道[常]然注
49	48	心経忘算疏(題簽心経忘算)	和大1册	釋黄泉無著撰/釋泰門素鏡等編
その他				
34	33	金剛錍釋文3巻・附音釋	和大3册	[唐]釋湛然撰/宋釋時擧注/明釋海眼編/釋大眞校/日本釋可透校[並點]
50	49	大乘三論大義鈔4巻	和大4册	釋玄叡撰/釋妙瑞校並點
52	51	肇論新疏3巻	和大3册	[元]釋文才撰/闕名點
51	50	山菴襍録2巻(下巻首題山菴雜録)	和大2册	明釋恕中無慍撰/釋[一絲]文守校並點
56	55	佛光禪師語録不分巻/存真如禪寺語録・拈古・佛祖讃・偈頌・小佛事	和半2册	[釋無學祖元]撰/釋[不昧]一真[等]編
55	54	佛種慧濟禪師語録(題簽中巖和尚語録)2巻	和大2册	釋中巖[圓月]撰/釋大解宗脱編
54	53	南浦文集3巻	和大3册	釋文之玄昌撰
53	52	東明和尚語録(外題)	和大1册	釋東明覺沉撰

※目録中の書名・人名・年号等の表記はそれぞれの典籍の表記に基づくため字体等は不統一である。

美術館紹介

相国寺承天閣美術館

相国寺の境内に建ち、禅文化の普及を目的とし、相国寺本山と塔頭の寺宝を展示公開する美術館

相国寺（正式名称・萬年山相国承天禅寺）は、明徳三年（一三九二）に夢窓疎石を開山とし、室町幕府第三代将軍足利義満によって創建された臨済宗相国寺派の大本山です。京都五山の第二位に列せられ、絶海中津や横川景三といった五山文学を代表する禅僧や、如拙・周文・雪舟らの日本水墨画の規範を築いた画僧を多く輩出し、地理的にも、文化的にも京都の中心に在り続けてきました。このような六〇〇年余の歴史により、中近世の墨蹟・絵画・茶道具を中心に多数の文化財が伝来しています。

去る昭和五十九年四月、相国寺創建六〇〇年記念事業の一環として本山相国寺・鹿苑寺（金閣）・慈照寺（銀閣）・他塔頭寺院に伝わる美術品を受託し、保存及び展示公開、修理、研究調査、禅文化の普及を目的として当館は建設されました。現在では、国宝五点、重要文化財一四五点を含む多くの優れた文化財が収蔵されており、様々な展観を行っています。

第一展示室には、鹿苑寺境内に建つ金森宗和造と伝えられる「夕佳亭《せっかてい》」を復元、第二展示室には近世京都画壇の奇才、伊藤若冲による水墨画の傑作である重要文化財「鹿苑寺大書院障壁画」の一部を移設しており、古刹の境内の静謐な空間で、間近に作品をご鑑賞いただけます。皆様のご清覧をお待ちしております。

（本多潤子）

相国寺承天閣美術館

[開館時間]午前10:00～午後5:00（入館は午後4:30まで）
[休 館 日]企画展の展観期間外は休館いたします
[拝 観 料]一般 800円／一般団体 700円／65歳以上・大学生 600円
　中・高校生 300円／小学生 200円
[アクセス]電車をご利用の方　地下鉄烏丸線『今出川駅』下車
　バスをご利用の方　京都市バス『烏丸今出川』下車
[所 在 地]〒602-0898 京都府京都市上京区今出川通烏丸東入
[問い合わせ]相国寺承天閣美術館事務局　TEL:075-241-0423
　FAX:075-212-3585

【企画展情報】

2023年 1月 8日～2023年 2月19日	「曝涼展　冬」
2023年 3月11日～2023年 5月 7日	「禅寺に伝わるものがたり」Ⅰ期 ―仏教説話と漢故事
2023年 5月28日～2023年 7月16日	「禅寺に伝わるものがたり」Ⅱ期 ―女性と仏教 無外如大尼生誕八百年記念
2023年 7月31日～2023年 8月20日	「曝涼展　夏」
2023年 9月10日～2023年11月12日	「若冲と応挙」Ⅰ期
2023年11月19日～2024年 1月28日	「若冲と応挙」Ⅱ期

国宝　無学祖元墨蹟 与長楽寺一翁偈語　相国寺蔵

重要文化財　鳴鶴図　相国寺蔵

国宝　玳玻散花文天目茶碗　相国寺蔵

博物館紹介

花園大学歴史博物館

日本で唯一、臨済禅の教えを基礎に置く花園大学。
歴史ある禅の文化を紹介する事業を展開。

花園大学歴史博物館は大学教育および市民の生涯学習に役立てることを目的として二〇〇〇年（平成十二年）に大学の付属機関として設立しました。日本史学全般にわたる研究活動のほか、考古学、民俗学、美術史学などのフィールドワークを中心とする学問分野や、禅文化史などの研究充実を図って調査研究活動によって蓄積された資料を広く公開して参りました。

歴史博物館は花園大学情報センター（図書館）のある「無聖館」四階に置かれ、第一展示室では考古学、民俗学、美術・禅文化に関わる資料を常時展示しております。第二展示室では春秋の二期には特別展も開催し、図録や資料叢書の刊行は精力的に行っており、大学博物館として学究の場としても機能しております。（片山真理子）

花園大学歴史博物館

[開館時間]10:00～16:00（土曜は14:00まで）
[休　館　日]日曜日・全学休講日（大学行事により臨時休館する場合がございます）
[入　館　料]無料
[アクセス]JR嵯峨野線「円町駅」下車、徒歩8分
[所　在　地]〒604-8456京都市中京区西ノ京壺ノ内町8-1 花園大学 無聖館4階
[問い合わせ]TEL：075-811-5181（代）
[HP]https://www.hanazono.ac.jp/about/museum/

【展覧情報】
●常設展示
考古学の常設展示のほか、コーナー展示として美術・禅文化に関わる資料を展示。

●企画展示
春秋の二期で特別展を開催。

展覧会の詳細はホームページをご確認ください。

ZEN MUSEUM

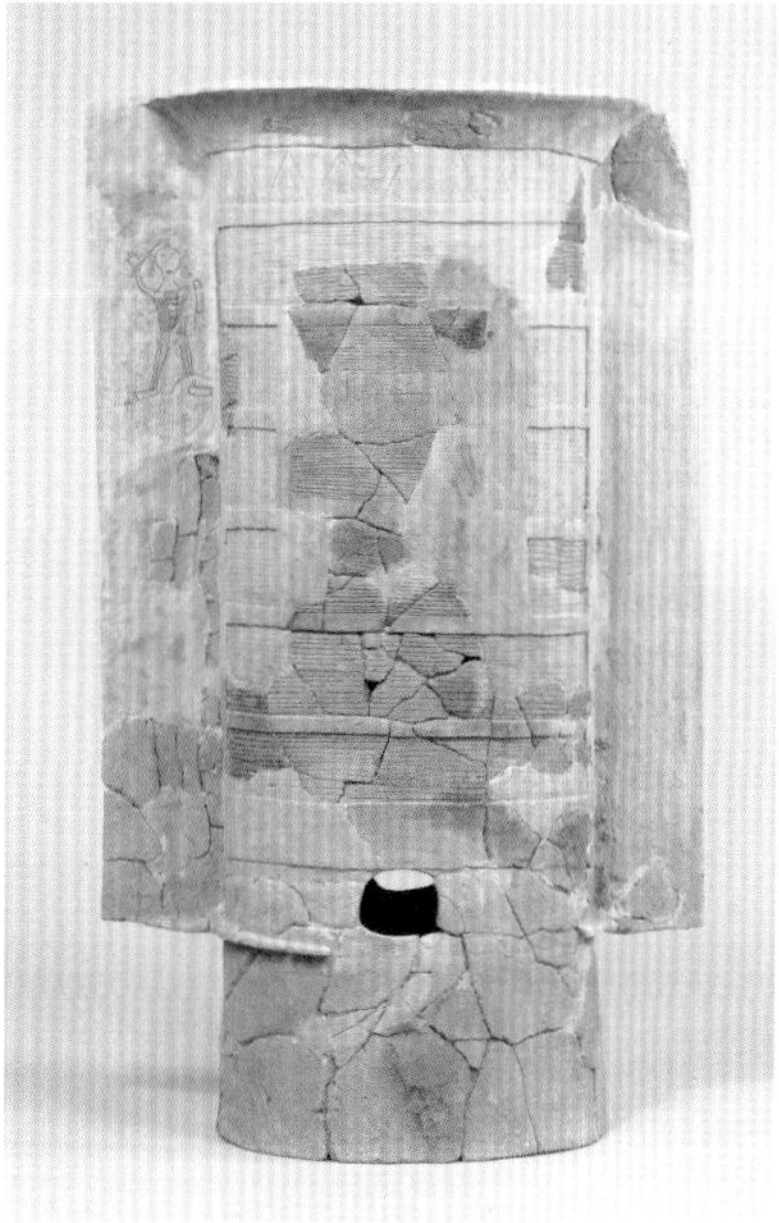

黄金塚二号墳出土盾形埴輪
花園大学歴史博物館蔵

柿本人麻呂図(文字絵)白隠慧鶴自画賛　花園大学歴史博物館蔵

常設展示室

渡唐天神図(文字絵)
白隠慧鶴自画賛
花園大学歴史博物館蔵

禅の本

金沢文庫古文書 喫茶関係編年資料集

永井晋［編］

本体10,000円

従来の茶文化史のミッシングリンクを埋める貴重史料

日本の中世社会において、茶はさまざまな場面で利用されてきた。

特に鎌倉の武家文化・宗教文化は、飲用のみならず、儀礼や贈答などさまざまな場において、茶との密接な関係を有してきたが、従来の研究では、禅宗とのかかわりが強調されることが多く、充分に考察がなされているとはいいがたい。

これら中世東国の茶の歴史をいまに伝える史料が『金沢文庫古文書』のなかに多数存在する。

同史料群より貴重史料308通の翻刻と解説を行い、編年で配列、これまで見落とされてきた中世日本の茶をめぐる文化的広がりを明らかにする。

中世日本の茶と文化

生産・流通・消費をとおして

永井晋［編］

本体2,800円・〔アジア遊学252〕

日本の中世社会において、「茶」はどのように生産され、流通したのか。また茶・喫茶にかかわる儀礼や文化はどのように受容され、展開したのか。

称名寺に伝来した平安時代から室町時代までの茶に関する文献史料、各地に残された美術工芸品や考古資料などの諸資料を丹念に紐解き、また、考古学・農業学・気候史・技術史・遺伝子学など様々な分野の視点なども交え、「茶の湯」・「茶道」成立以前の「中世の茶」をとらえ直す。

南宋・元代日中渡航僧伝記集成

附　江戸時代における僧伝集積過程の研究

榎本渉［著］

本体17,000円

南宋・元代に日中間を渡航した僧（107人）の伝記を一覧とし、重要記事を翻刻集成。東アジア海域交流史研究の基礎資料集。

附篇では、日本近世における僧伝伝来・集積の過程を精緻な調査研究より明らかにし、歴史資料としての僧伝を位置づける。史料論・書誌学研究における画期的成果。

南宋・鎌倉仏教文化史論

西谷功［著］

本体15,000円

〈如法〉への回帰がもたらした歴史的展開とは何か――


鎌倉時代初期、戒と律が衰退する日本仏教社会の刷新を企図し、我禅房俊芿により京洛東山に開かれた泉涌寺。

宋代仏教との交渉のなかで、僧侶本来のあり方への回帰を目途し、同寺にもたらされ、実践された宋式の僧制・規則・儀礼は、それに関わる文物の移動や受容を伴いつつ、寺院間のネットワークのなかで広く伝播していった。

寺院社会における僧の生活規範を示す「清規」書や儀礼次第書、そして儀礼の場で用いられた仏像や仏画などの文物に着目し、東アジア世界とのかかわりの中で展開した鎌倉仏教の宗教史的・美術史的・文化史的意義を総合的な視点から解明する。

東アジアのなかの建長寺

宗教・政治・文化が交叉する禅の聖地

村井章介［編］

本体3,500円

禅が描き出す東アジア交流史

渡来僧蘭渓道隆を開山とし、日中の僧が集う宋朝禅を伝える道場として、また、北条得宗家による宗教政策の中枢としてあり、その後の幕府と禅僧の関係の基盤を築いた建長寺。

ヒト・モノ・文化の結節点としてあった「場」に着目することで、日本と東アジアを結ぶ「禅」という紐帯の歴史的意義を明らかにする。

室町の学問と知の継承

移行期における正統への志向

田中尚子［著］

本体10,000円

人びとは、なぜ乱世に学知を形成していったのか――


戦乱の世から新たな政治秩序へと向かう混沌とした時代、特筆すべき知の動きがあった。

それは革新的なものを取り入れつつも、伝統を再生産し、正統性を希求していく…。室町期に形作られた知のあり方を、五山僧や公家学者などの担い手の変遷、さらには林家におよぶ近世への継承のかたちから解き明かす。

画期としての室町

政事・宗教・古典学

前田雅之［編］

本体10,000円

成熟と、動乱と――


目まぐるしい変化の中で展開した室町時代。

それは日本史上において如何なる位置と意義を有しているのか。

時代の特質である政事・宗教・古典学の有機的な関係を捉え、「室町」という時代の相貌を明らかにする。

近年大きな進展をみせる室町時代史研究を領導する、23名の豪華執筆陣により示される知の最前線。

室町文化の座標軸

遣明船時代の列島と文事

芳澤元［編］

本体16,000円

金閣・銀閣の煌めきに隠れた「日本文化」の分水嶺を探る

大きく飛躍した21世紀の室町時代研究が向かう次なるステージは、現代日本の起源といわれた「室町文化史」の検証、再構築にある。

義満・義持・義教の執政期である応永・永享年間を中心に隆盛した、能・連歌・床の間・水墨画――。

その創造を支えたものとは何だったのか。都鄙の境を越え、海域を渡った人びとが残した足跡、ことば、思考を、歴史学・文学研究の第一線に立つ著者たちが豊かに描き出す必読の書。

日本近世中期 上方学芸史研究

漢籍の読書

稲田篤信［著］

本体9,000円

近世中期、上方学芸の隆盛の背景には、豊富に舶載受容された明清漢籍の存在があった。儒学、医学、書学、そして国学においても、漢学の日本文化に与えた影響は大きく、それは大名家、富裕層、さらには新興の個人蔵書家の蔵書や漢籍の要文を書き抜き、手控えとした抄記などにまざまざと表れている。

都賀庭鐘『過目抄』、奥田尚斎『拙古堂日纂』などの漢籍抄録、漢籍・和刻本における書入など、諸種の読書記録を詳細に分析。さらには文学・書画・医学など多方面に大きな影響を与えた『世説新語補』の受容の諸相を把捉することで、漢籍受容の諸相を鑑に近世中期日本の特質を明らかにする画期的著作。

江戸時代前期 出版年表

〔万治元年〜貞享五年〕

岡 雅彦［編］

本体32,000円

江戸時代前期、出版文化の華開いた万治元年(1658)から貞享5年(1688)の30年間に刊行された出版物の総合年表。文学、歴史、出版史、書誌学、図書館学の研究者、図書館必備の一冊。
出版文化の華開いた江戸時代前期に、どのような本が刷られ、読まれていたのか。江戸文化を記憶し、今に伝える版本の情報を網羅掲載。掲載件数8700点超！（当該期刊行版本の後印を含む）
広大な江戸時代の出版文化の黎明期を映し出し、近世文化研究の基盤として好評を博した『江戸時代初期出版年表〔天正十九年〜明暦四年〕』の待望の続編、公刊！

近世後期 江戸小説論攷

山本和明［著］

本体10,000円

「考証」の力、「文（ふみ）」の力
近世後期、版本・写本による書物流通は一層の広がりをみせ、多種多様な知識が創作・出版の場にも流れ込んでいった。

作者が作品を構築する際に、如何にその典拠を選びとり、構想したのか。

古語や古い文体に対する豊富な知見を、どのように作品と言う形に結実させていったのか。

挿絵と文との連環関係は如何に発展的に展開されたのか。

山東京伝、石川雅望の作品を軸に、作品の背後にある知的空間、そして、それらを縦横無尽に駆使していった作者たちの営みを、作品そのもの、そして、関連する資料から炙りだす。

従来の典拠研究、様式研究とは一線を画す、新たな文学研究の方法を示す画期的な一書。

本の本

出版文化のなかの浮世絵

鈴木俊幸［編］

本体3,800円

多色刷りの文化遺産
浮世絵はかつて生活のなかにあった。伝存する作品や資料に残る痕跡が、いまなお我々にそのことを伝えてくれる。絵画表現の展開や絵師の栄枯盛衰、流行やそれとともにある営利・経済、印刷・造本の模倣と創意工夫、出版流通の具体相…。
比類なき書物への愛に満ちた論者たちに導かれ、浮世絵という多色刷りの文化遺産を時代の営みのなかに捉え返していく。

書物・印刷・本屋

日中韓をめぐる本の文化史

藤本幸夫［編］

本体16,000円

中国、朝鮮半島、日本に伝播した書物文化は、各国各地に於いて民間の商業出版——坊刻本——の深淵かつ絢爛な世界を形づくっていった。書籍の出版から販売・読書にいたる具体的な諸相、即ち潤筆料・版下・刻版・彫師・摺師・版木・料紙・装幀・本屋・貸本屋・書価・出版部数・流通・読者・版株・印刷術・禁書・和刻・出版統制等々を中心に、書物史研究を牽引する珠玉の執筆者35名による知見を集結。

390点を超える図版資料を収載した日中韓の知の世界を彩る書物文化を知るためのエンサイクロペディア。

書誌学入門

古典籍を見る・知る・読む

堀川貴司［著］

本体1,800円

「書誌学」とは、「書物」という人間の文化的活動において重要な位置を占めるものを総体的に捉えること、すなわち、その書物の成立と伝来を跡づけて、人間の歴史と時間という空間の中に位置づけることを目的とする学問である。

この書物はどのように作られたのか。どのように読まれ、どのように伝えられ、今ここに存在しているのか—。

「モノ」としての書物に目を向けることで、人々の織り成してきた豊穣な「知」のネットワークが浮かびあがってくる。

書籍文化史料論

鈴木俊幸［著］

本体10,000円

断片から浮かび上がる、書籍をめぐる人びとの営み
書籍の享受に関わる一次史料は思いのほか少ない。その文化・歴史を描き出すためには、書籍そのもののみならず、そこに残された書き入れや、周辺にある断片化された資料へも目を向ける必要がある。チラシやハガキ、書籍におされたハンコ、そして版権や価格、貸借に関する文書の断片など、これまで真正面から取り扱われることのなかった人々の営為の痕跡から、日本の書籍文化の展開を鮮やかに浮かび上がらせる。
京都書林仲間の実態を伝える新出史料全篇の翻刻・影印を収載！

フェイク・スペクトラム

文学における〈嘘〉の諸相

納富信留・明星聖子［編］

本体3,200円

嘘、偽り、騙し、騙り……

否定的な響きをもつこれらの言葉・現象を、私たちは真摯に考えてきたことがあっただろうか？

「嘘も方便」という表現からも捉えられるように、社会におけるこれらの行為は多義的な面を持ち合わせている。そして、言葉のいとなみが広がる文学の世界には、「フェイクする存在」としての人間が活写されている。

中世から現代にいたる、洋の東西を越えた11の事例を考察することにより、「フェイク」という問題の多面性と本質を浮かび上がらせる画期的な書！

書籍文化史料片々◉番外

浄瑠璃本の流通

抜本表紙に捺された仕入印

鈴木俊幸

仕入印や売弘書肆一覧記事は書籍商売への関与の証跡である。『書籍流通史料論 序説』（二〇一二年、勉誠出版）や『書籍文化史料論』（二〇一九年、同）等、これまでもさまざまな機会に数々紹介してきた。しかし、書籍の流通に関与していた明証ではあるものの、それらは、書籍営業の規模等、店の実態を直截示すようなものではない。つまり書店と称するに足る店であることを保証するものではないのである。

日本近世文学研究者。中央大学文学部教授。書籍の出版・流通のシステムや、教育の普及と読者の成立状況等に関心がある。

たとえば信州諏訪白木屋善右衛門

たとえば「小間物／本類／上諏訪桑原町／白木屋善右衛門／西側曲之手角」という仕入印が押捺されている抜本をいくつか架蔵している。『双級巴再版釜煎の段 下巻』（江戸 加賀屋清吉版）、『本朝廿四孝 四ノ切』（江戸 伊勢屋喜助版）、『再板伊賀越道中双六 六ツ目の切 沼津里の段』（大坂 加嶋屋清助版）【図01】。上方版と江戸版と両方見られるあたりは、名古屋経由で上方のものも入ってくる諏訪の立地を物語るかもしれない。さて、この印文を見ると白木屋は小間物と本類とを主力の商品としていた店のように見える。

しかし、白木屋の本屋としての営業をうかがわせるものはなかなか見出せない。かろうじて上諏訪の藤屋藤森平五郎翻刻の教科書『地理初歩』（明治八年〈一八七五〉十月翻刻）の刊記に売弘の一人として名前を見出すことが出来たくらいである【図02】。「明治八年十月 信濃上諏訪書肆 藤森平五郎板／発行書肆／松本 高美屋甚砂／藤松屋禎十郎／枡屋重平／精花堂八十平／鶴屋政右衛門／飯田 十一屋半四郎／思斎堂学平／高遠 矢島屋金八／諏訪 木曽屋孫蔵／袴屋源蔵／江戸屋玄次郎／海老屋喜代治／海老屋吉左衛門／白木屋善右衛門／藤屋機右衛門」と並べられている中、諏訪の七店のうちのひとつとしてである。藤森平五郎

［図01］…白木屋善右衛門の仕入印

［図02］…藤屋藤森平五郎翻刻『地理初歩』刊記

は、他にも翻刻教科書をはじめとする多くの出版書があって、この頃の諏訪の書店の中ではもっとも目立った存在であった。後に活版印刷にも乗り出し、新聞『洲羽新報』も発行していく。藤森平五郎の出版物は、それぞれに売弘の店を列記することが多いが、白木屋の名前はこの『地理初歩』だけにしか見られない。白木屋は書籍商売に熱心な店のようには思えないのである。なお、次に紹介する文書群から白木屋も藤森姓であることが分かる。両者は親戚関係にある可能性が高く、『地理初歩』売弘はその縁によるものかもしれない。

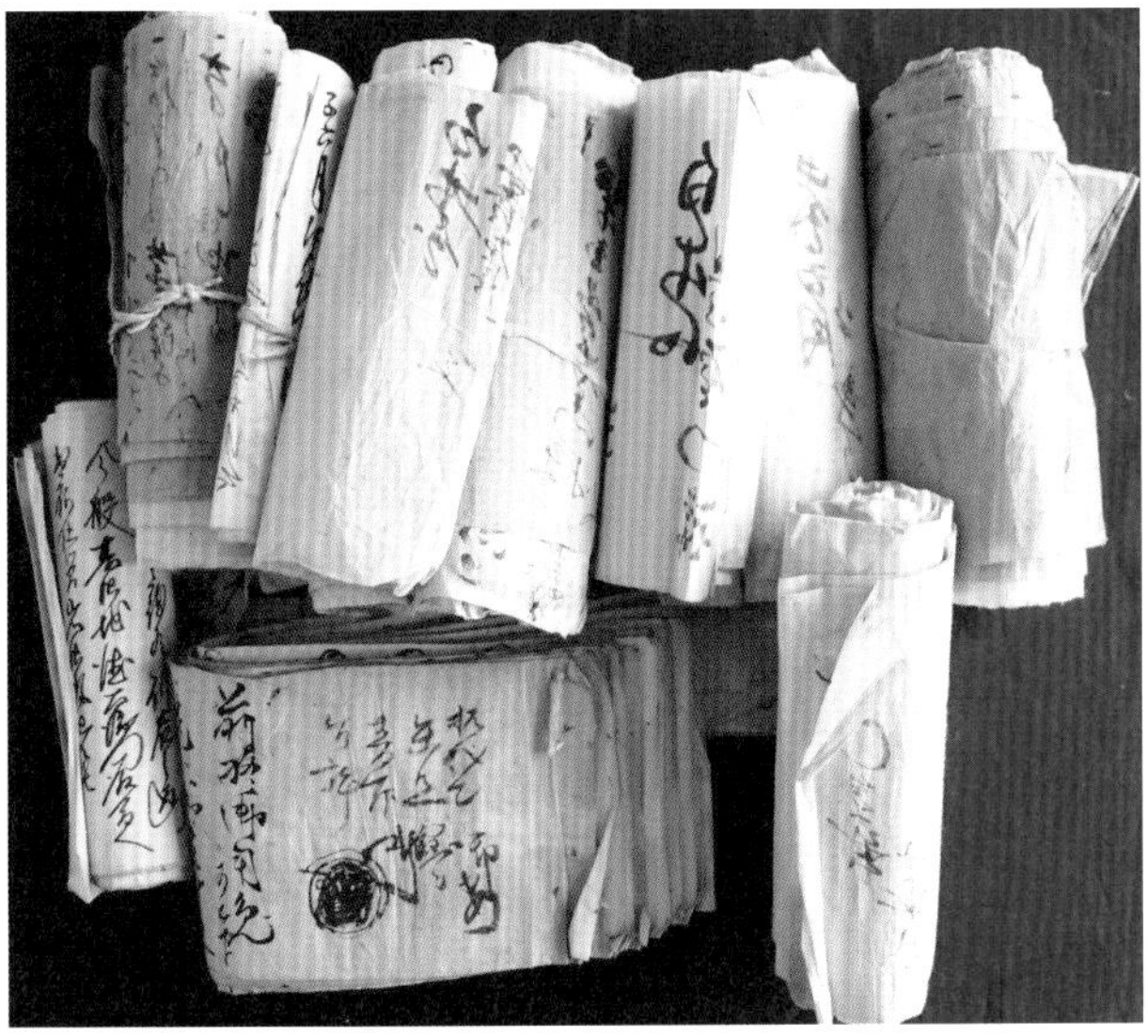

［図03］…白木屋善右衛門の営業文書

白木屋文書

最近、白木屋善右衛門の営業文書を少々得た［図03］。明治六年（一八七三）から十三年（一八八〇）までのもので、仕切書が中心である。多くは年単位で紙縒でまとめられている。明治六年のものなど、紙縒に「明治六酉年九月出府之節仕切」と書かれた付箋が付いていて、東京に出向いてさまざまな店から大量に仕入れている様子がうかがえる。これらをかなり期待して一葉ずつ繰っていったのであるが、全て紙や墨・筆などの文房具とか化粧品、また日用雑貨の類で、書店からの仕入れ、書籍の仕入れをうかがわせるものは、明治十二年（一八七九）までの仕切書には一切見当たらなかった。白木屋は小間物屋そのものであった。

棚卸帳が一冊あり、冒頭に「明治十三年辰九月十七日品切もの控」と題した記事を据えているので、この年における棚卸の記録と判断できる。書き上げられた商品の大部分は雑多な小間物類であるが、そこに混ざって僅かながら書籍類の記事が認められる［図04］。

〇小画本
　画入豆小本
〇同大形
〇同色なし　大形
〇百人首かるた

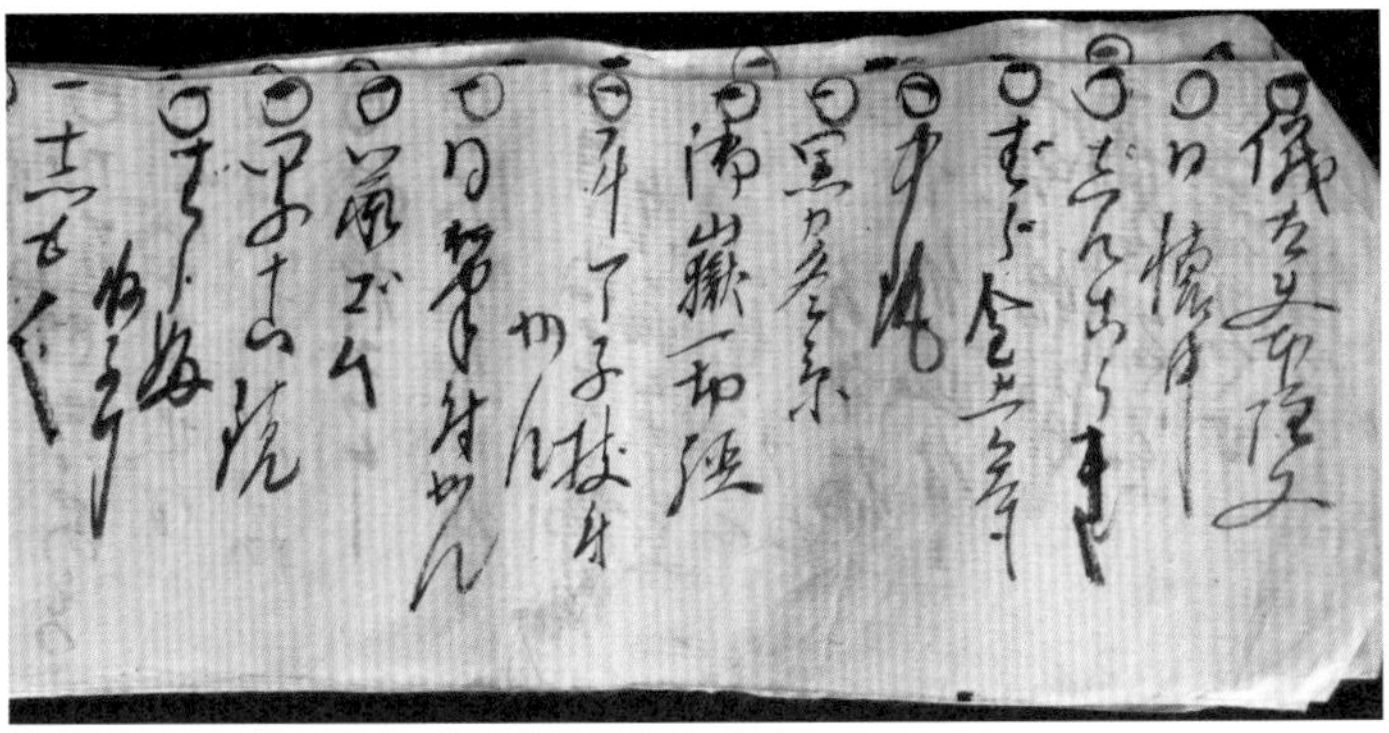

○百人首　小本
（中略）
一軍画三枚物
一草双紙　二冊続
（中略）
○儀太夫本注文
○同懐中
○じんこうき
（中略）
○御嶽一切経

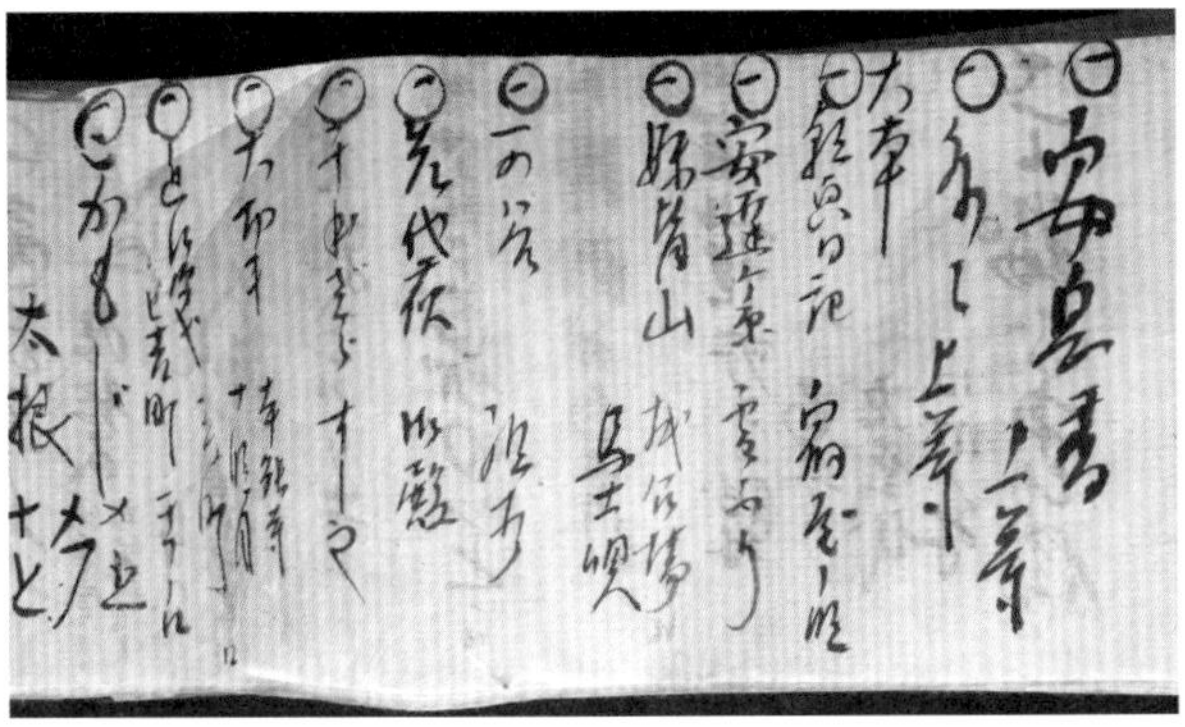

［図04］…明治十三年棚卸帳

（中略）
大本
○朝皃日記　宿屋ノ段
○安達ヶ原　雪ふり
○妹背山　拭合場
　　馬子唄
○一の谷　組打
○先代萩　御殿
○千本ざくら　すしや
○大功キ　本能寺
　　十段目
○近江源氏（以下破れ）
（中略）
一いろ入中切付
　一冊物

具体的に特定の難しいものも多いが、ほとんどが浮世絵を含む草紙類のようである。とくに義太夫本が多いところは、抜本に捺された仕入印しか確認出来ていないところと符合しよう（管見ではあるが）。白木屋は小間物屋であって、手軽い草紙類も少々だけ扱っていた店であったということなのであろう。

浄瑠璃本の流通

仕入印によってのみ書籍商売を確認できる店がある。筆者の狭い体験の範囲で言えば、その仕入印は義太夫浄瑠璃の抜本に捺されている場合が多いように思われる。以下架蔵本によって挙げれば、『恋緋鹿子 四ッ目 吉祥院の段』（大坂 加嶋屋清助版）に「三次吉代仕入」という仕入印を確認でき、三次に「吉次」なる店があったことを知ることが出来る［図05］。「本　高松南新町／筑前屋」

［図05］…三次吉代仕入印

［図06］…高松筑前屋仕入印押捺の抜本

という仕入印は、『信仰記 三の口 上煖屋の段』（同版）に捺されている【図06】。「売弘所　肥前伊万里／上中町 冨野屋」の仕入印は架蔵の『壇浦兜軍記 三段目口 琴責の段』（同版）と『太平記忠臣講釈 七段目 書置段』（同版）に【図07】。「ニイカタ／八一仕入」は『彦山権現誓助劔 お菊返り討の段』（江戸 富士屋儀兵衛、安政頃版）に捺されているが、これは明治期の捺印であろうか【図08】。

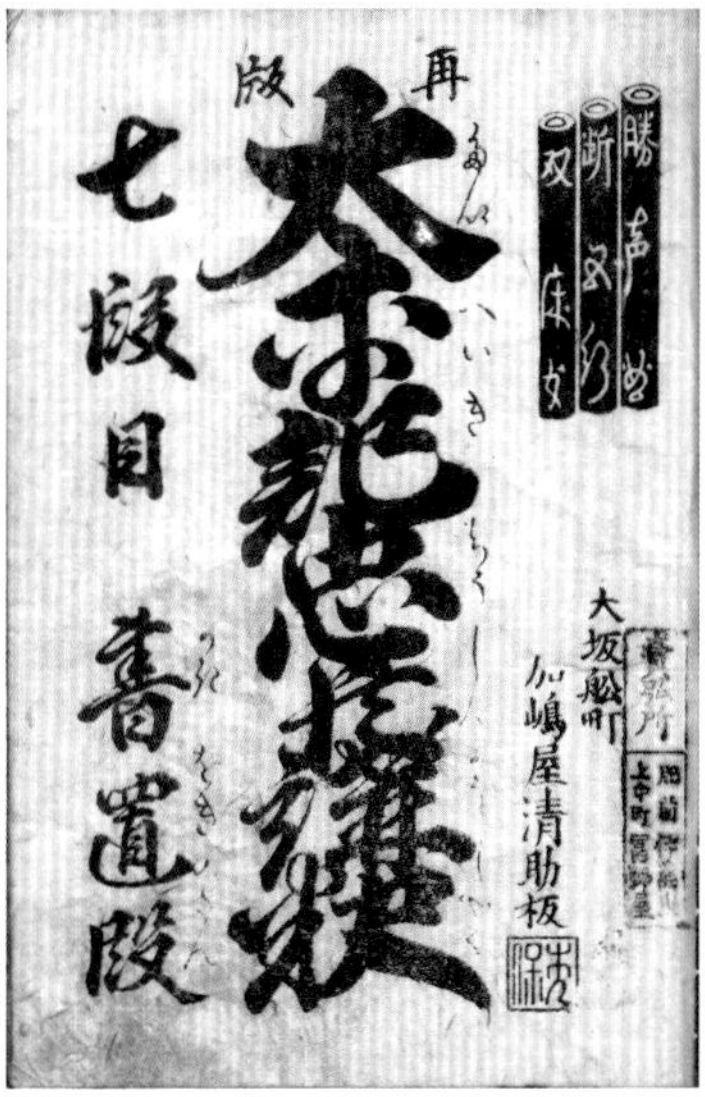

【図07】…伊万里冨野屋仕入印押捺の抜本

【図08】…新潟八一仕入印

「売弘所 信州松本本町 浜松屋利左衛門」は『本町廿四孝 四段目切 狐火の段』（江戸 大坂屋秀八版）【図09】に捺されているが、この抜本には文化八年の識語がある。「本類売弘所　兵庫しんめいまへ／みそ屋安右衛門」の印は『妹背山道具流し 三段目下』（大坂 天満屋源次郎・和多屋喜兵衛版）【図10】に。これらの店いずれもこの仕入印のほかに書籍商売の痕跡を見出せていない。最後のみそ屋安右衛門など、「本類売弘所」と印文にはあるが味噌を売るのが本業なのではないか。なお、松本や新潟の店の仕入印は江戸版に捺されているのに対して、高松・三次・伊万里・兵庫といったところの店の仕入印が捺されているのが大坂版であるあたりは、さもあらんと少々気持ちの良い次第ではある。

「御目印㋳／まわた／よりこ／大安売一薬種製所 金銀箔 ゑのぐ品々／諸国紙 東都筆墨／江戸義太夫本品々

【図09】…松本浜松屋利左衛門仕入印

【図10】…兵庫みそ屋安右衛門仕入印

かじか沢よこ丁／丸屋店」という印文の仕入印は『源平布引滝 二の切 義賢討死段』（江戸 三河屋喜兵衛版）に捺されていた。さまざまな商品の取扱の中に「江戸義太夫本品々」もあったことが印文に明記されている。「江戸」をわざわざ断っているあたり、鰍沢という立地に似つかわしいし、実際江戸版に捺されている。並べられている品目から察すれば、要は丸屋店も白木屋同様小間物屋であったろう。抜本に仕入印を確認できた右記の店々も、書籍を主業とするところは無かったのではないかと思われるのである。

浄瑠璃本の販売を印文にうたった仕入印も少なくない。「大阪あわざ上通二丁目／浄るり本売買所／太郎助橋筋　阪井儀兵衛」の仕入印は架蔵の抜本『鈴鹿合戦 平次住家段』（大坂 紙屋与右衛門版）【図11】、「大阪しんさいばししほ町角／浄る

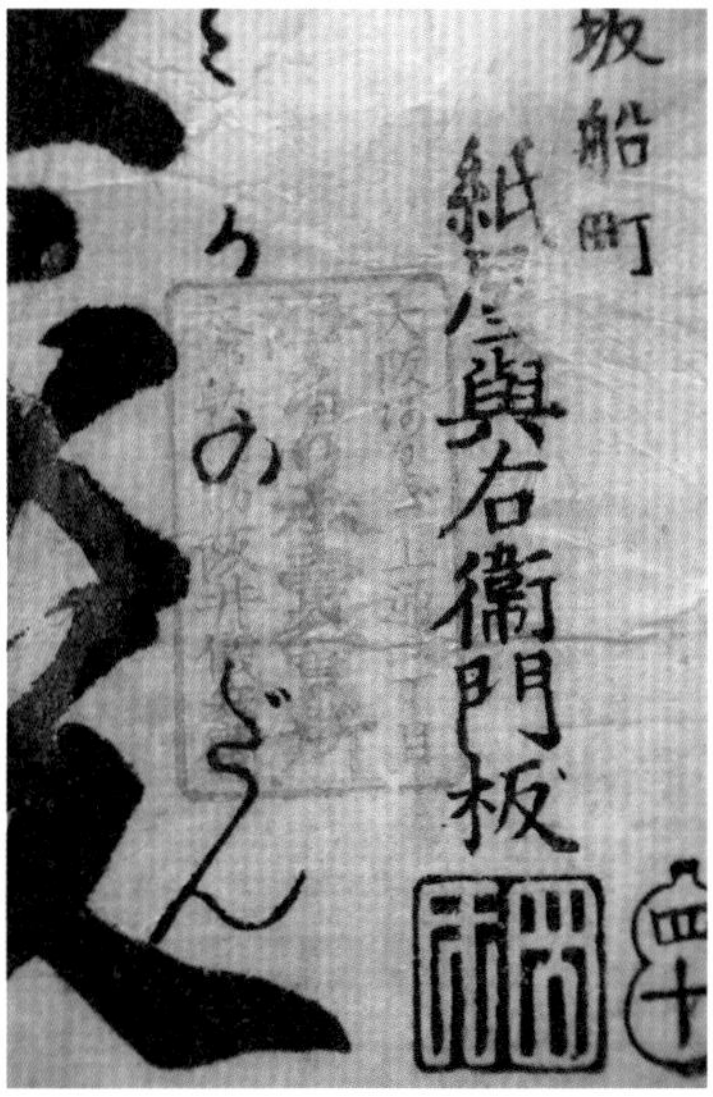

【図11】…阪井儀兵衛仕入印

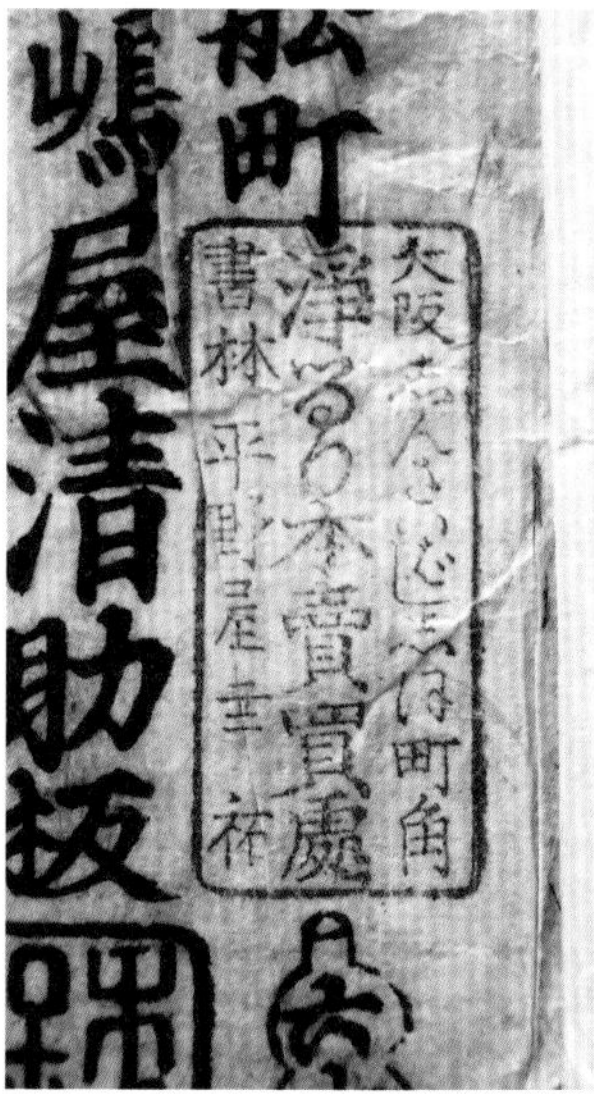

［図12］…平野屋幸祐仕入印

り本売買処／書林　平野屋幸祐」の仕入印は『妹背山掛合』（加嶋屋清助版）［図12］、「京縄手通古門前上ル／浄るり古本売買所／井筒屋和助」は架蔵の『蝶花形名歌嶋台 四ッ目ノ切』（版元不明）に見出した。これらは浄瑠璃本に捺すことに特化した仕入印と見なすことが出来る。最後の井筒屋和助は『都商職街風聞』（文久四年、田中専助・林芳兵衛・橋本太右衛門刊版）に「絵屋」として記載があるので絵草紙商売であるが、他の大阪二店については、この仕入印以外に書籍営業の様子をうかがえる資料に出くわさない。浄瑠璃本以外の書籍は扱っていないも同前だったのかもしれない。

『江戸の読書熱』（二〇〇七年、平凡社）等で、創業期の松本書肆高美屋甚左衛門が甲府の小間物商を通じて、抜本や謡本など、薄冊の書籍を仕入れていたことをすでに紹介した。高価な書物と異なり、これらは仕入れ値も安く在庫もかさばらず、リスクが低くて扱いやすい商品であったわけである。他との兼業でも負担にならず、小間物等他の商品とともに流通しやすいものであった。浄瑠璃本の需用が全国おしなべて高かったことは、大坂の浄瑠璃版元が重版・類版に関わる係争を広く展開しだしたこと（拙稿「江戸板義太夫抜本訴訟始末（上）」中央大学文学部『紀要』一七五号、一九九九年三月等）、各地域で多く出版されていることによっても推測することができる。そして、いまだに市場にたくさん転がっていて、安価で手に入る和本の代表であることが、何よりも当時の事態を雄弁に物語っていよう。

抜本はきわめて流通力の強い商品であったわけであり、それは浄瑠璃という音曲の浸透力、広範な受容を示すものでもある。

書物の声を聞く 書誌学入門【第二十回】

佐々木孝浩
SASAKI Takahiro

書誌学は、書物の材料、構造、部位、用途等を対象とする学問であり、書物の語学である。今回は、伝来の過程における古写本の改装の二回目として、それが行われた理由や、冊子本間での改装の方法とその判別方法などについて具体的に説明する。

慶應義塾大学附属研究所斯道文庫教授。
専門は日本古典籍書誌学、
特に書物の形態と内容の相関関係について
研究している。

巻子装への改装理由　その二

冊子から巻子装に改装する理由の一つが、物理的な欠落により本文が欠けてしまい、書物としての価値が著しく下がってしまったものを、巻子装として独立しうる、歌集や物語の一巻分、あるいは定数歌の百首・五十首などの単位で一軸に仕立て直すことで、欠点を少しでも小さくするためであったことは前回に述べたところである。しかしそれは、改装を行う最大の理由ではなく、それを後押しする副次的な理由というべきかもしれない。改装というもの全体を見渡すと、もっと大きな理由があることに気付かされるのである。

改装というものは基本的に一方通行である。唯一の例外といえるのが、巻子装と折本装の関係で、巻子装から折本装に改められることもあれば、その逆もあるばかりでなく、一度改装されたものが再びもとの装訂に戻されている場合もあるのである。藤原定家の日記『明月記』の原本は、もともと巻子装のものであるが、折目を確認できるものがあり、かつて利用しやすくするために折本装となっていた時期があったことが理解できる。

巻子装と折本装は、料紙の継ぎ方が同じであり、巻くか折り畳むかの違いで異なる装訂となっているので、行き来は容易なのである。この両装訂で仕立てられることの多い経典類では、巻子装を折本装に改めたもの［図①］、折本装を巻子装に

［図①］…巻子装から折本装に改装された例。『大般若波羅蜜多経巻第五百六十一』〔鎌倉〕写１軸（個人蔵）。全体に巻き皺が確認でき、文字と折目が重なった部分が存在する。

改めたものに出会うことは珍しくない。欠巻部分を補うために、既存の経典の装訂が改められたことは少なくないと思われるのである。

これを除くと、綴葉装を巻子装に、袋綴装を巻子装に改装することはあっても、これらの逆を確認することはできない。巻子装を冊子に改装することは、冊子特有の余白部分をどうやって確保するかが問題となりそうだが、行うのが全く不可能というわけではない。であるのにそのようなものを見ることがないということは、その行為に価値を認めていなかったことが理解できるのである。

改装というものは、行うのが容易な巻子装と折本装の間の改装を除いて、格の低い装訂から高い装訂に改めるために行われたと考えることができる。装訂に保存された作品の傾向から窺える装訂のヒエラルキーというものを、改装の方向性が教えてくれているのである。

冊子本間の改装　その一

平仮名書きの作品を保存した古い巻子装の写本を見かけたら、冊子本から改装されたものと思ってその痕跡を確認すべきである。そう断言しても問題ないほどに、最初から巻子装で製作された古写本は希少なものなのである。絵巻であれば最初から巻子装であろうと思うかもしれないが、室町後末期以降のものはやはり改装を疑う必要がある。何故室町後末期以降なのかについては、また改めて説明することとしたい。

見逃してしまいがちなのが冊子本同士の改装である。そのようなことがあると知らなければ、見逃してしまうのも無理はないと思われるほどに、巧妙に改装が行われているのである。

冊子本間の改装には幾つかの種類があることが確認できるのだが、一番見かけることが多いのは袋綴装を綴葉装に改めたものである。室町時代から江戸初期にかけての通常の綴葉装よりも大きいと思われる写本は、改装であることを疑った方がよいと思われる。通常の大きさのものや、通常より小さいものも存しているので、あまり大きさに拘らないほうがよいかもしれないが、大ぶりなものがそうである確率はかなり高いであろう。

この改装についても、見極めるポイントを知っていれば、それに気付くことはそれほど難しいことではない。最初にすべきは、本を開いて折目下部の両側に汚れが存在しているかどうかを確認することである［図②］。冊子本は料紙の外側下部を摘まんでめくるが、折目付近を触れることはないので、その部分は本来汚れるはずはないのである。この中心部近くの汚れは、袋綴装であった

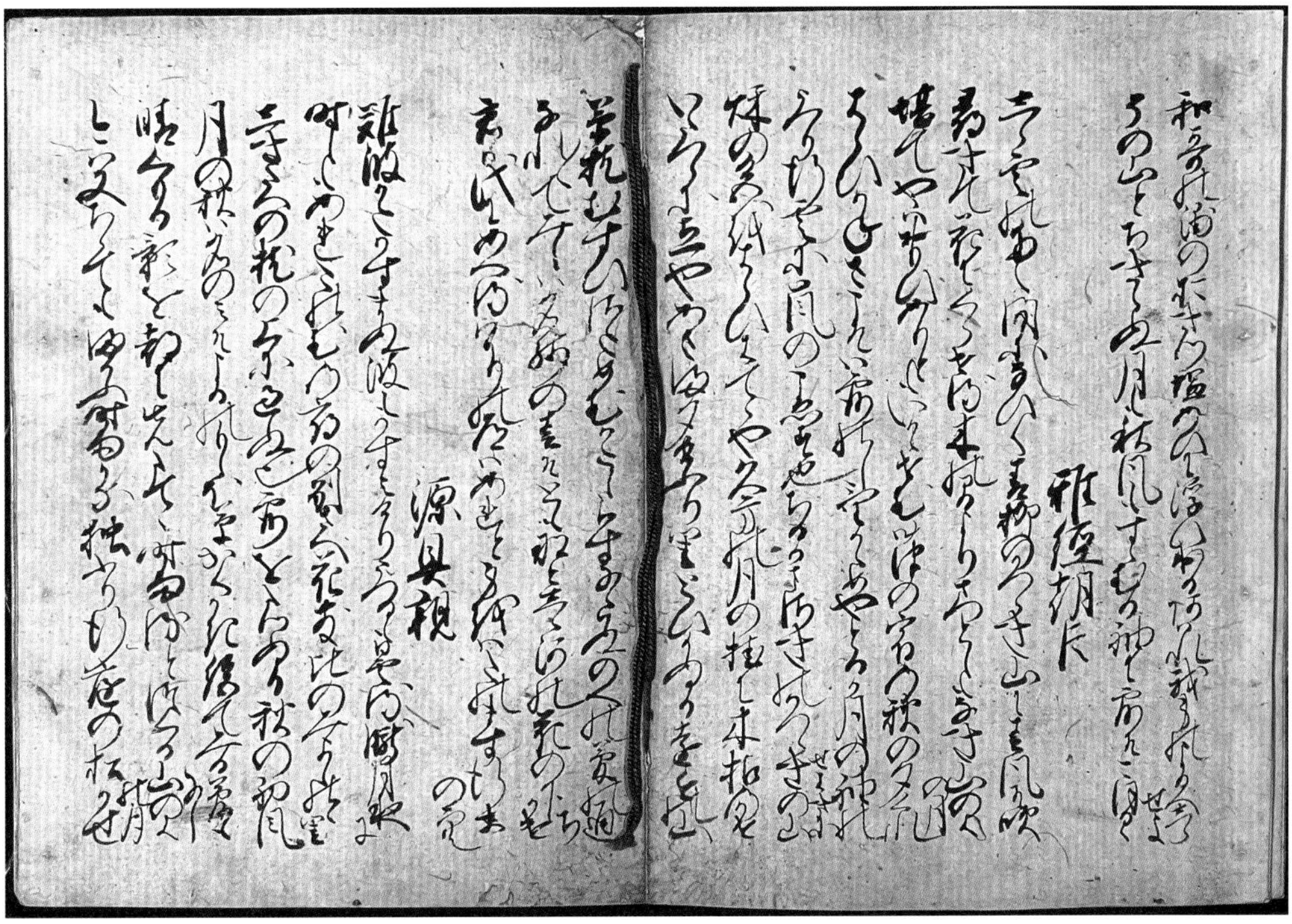

[図②]…袋綴装を綴葉装に改装した例。『自讃歌』〔室町後期〕写1帖(個人蔵)。
折目下部の両側に汚れが確認できる。

時はその部分が外側にあったこと示しているのである。

その汚れ位置の移動は、袋綴装から綴葉装への改装の方法を教えてくれる。改装されたものを良く観察すると、その手順が分かってくるのである。袋綴装の綴じを外し、一丁毎に紙を開き、折目部分を切断して、現在の一頁分でばらばらにする。それを綴葉装にした際にきちんと本文が続くように計算して、見開きの大きさの薄い紙を芯として、表裏併せて四頁分を貼り付けるのである。あとは通常の綴葉装のように半分に折って重ね、折目に穴を開けて糸で綴じるのである。

何故紙の向きを変えているのかというと、綴葉装と袋綴装の余白の在り方の違いがその理由である。袋綴装は折目部分にあまり余白を取らず、折目のかなり近くまで書写するものである。これに対し、綴葉装は開くと両端にある程度の余白があるのが普通である。であるので、袋綴装時の向きのままで改装してしまうと窮屈な感じで、開いた際に違和感を生じさせるものとなってしまうのである。

袋綴装の料紙で余白があるのは綴代部分のみであるので、紙の向きを変えることによって綴代を余白として利用したのである。この改装を行うと、袋綴装の時に丁の表であった部分は、綴葉装への改装後には丁の裏となり、同様に裏は表となる。当然のことながら綴穴の痕跡は両端に存在してい

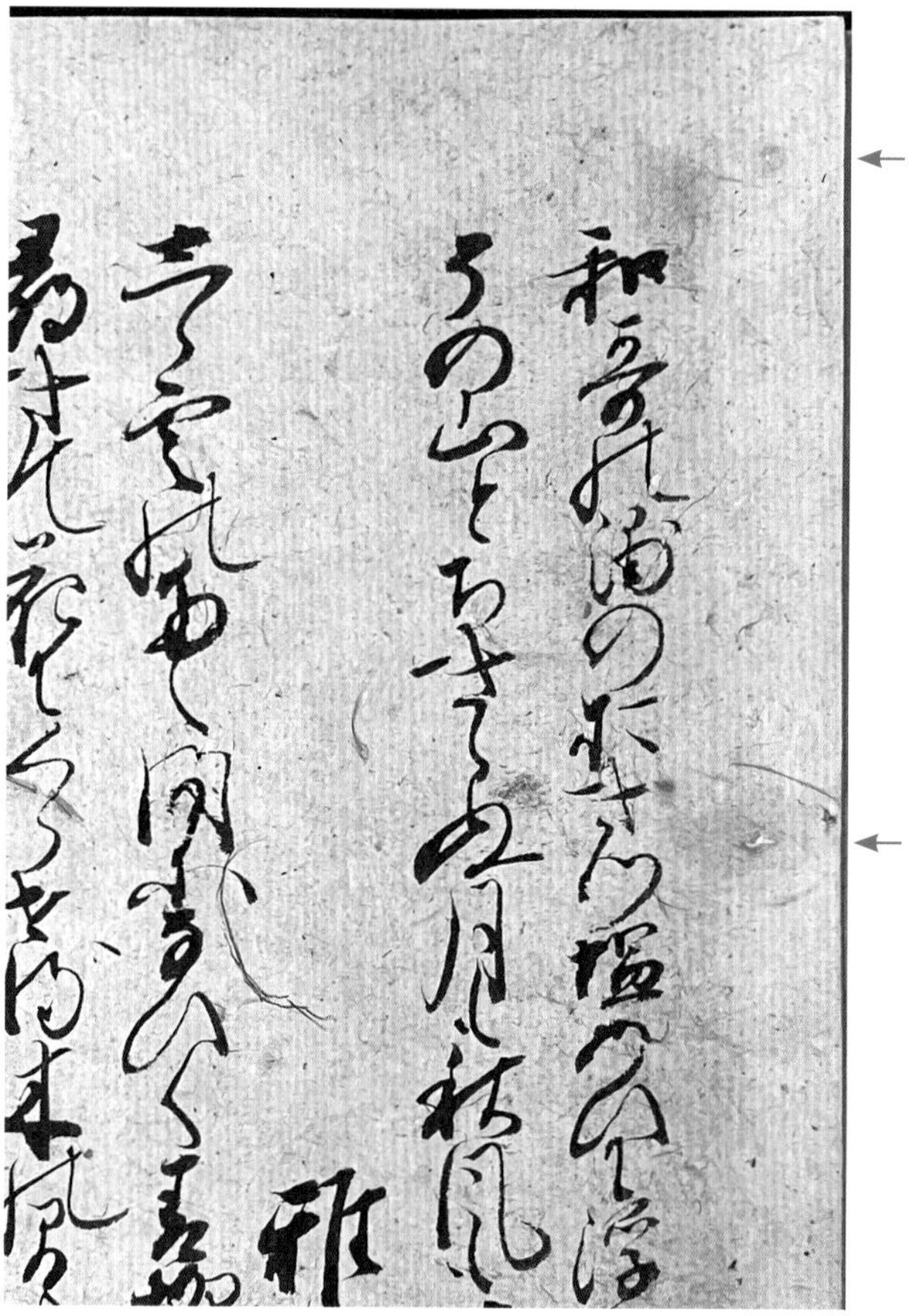

［図③］…改装された『自讃歌』に残る綴じ穴の痕跡。

る［図③］のであるが、芯の紙が穴を塞いでおり、そのような改装があると思って余白を眺める者はほとんどいないので、綴穴には気付かないことが多いのである。

　それでも改装を行った者の中には綴穴の存在が気になる人物もいるようで、穴の内側のぎりぎりのところで裁ち落として、その痕跡をなくした例も時折見かけることがある［図④］。そうすると綴葉装としては幅の狭いものとなってしまうので、改装に伴う不自然さを完全に取り去ることはできないのであるが、綴じ穴を消し去ることを優先しているのである。このような場合にも、やはり折目近くの下部の汚れを確認すればよいのだが、あまり読まれなかったために汚れが確認できないことも希にある。そのような時には、折目部分に紙継ぎの痕跡がないかを追加で確認すれば判断できるであろう。改装されたものは糊を多用して貼り合わせているので、どうしても料紙は厚く硬くなってしまう。そうであればまず改装と考えて間違いないであろう。

　書誌学の授業でこの改装については教わらなかったので、しばらくはその存在に気付くこともなかったのであるが、ある展示会で綴葉装の写本を見ていて両端の綴穴の痕跡に気付き、袋綴装が綴葉装に改装されることがあることを知った。それ以来毎年必ず複数の事例に気付くようになった。それ以前にも出会っていたはずであるのに、すべて見逃してしまっていたのである。展示会などでそれと気づいても、図録などの解説で言及されていないことは普通であるので、所蔵者に改装であることが気付かれないままになっているものは少なくないはずである。今後発掘が進むことを期待したい。

冊子本間の改装　その二

　袋綴装から綴葉装への改装に比べてかなり珍しいのが、粘葉装から綴葉装への改装である。その事例の少なさからしても、この改装は格の低い装訂から高い装訂に改めるというものではなく、粘葉装特有の理由があるように思われる。

　粘葉装が糊の多用のために虫害を受けやすいのは、以前に述べたとおりである。糊代を中心に被害を受けてしまうのでばらばらになりやすく、それを補修するには極薄い紙で虫穴を塞ぐことになる。それで再び粘葉装に戻すことはできるのであるが、糊付け部分の裏面は補修箇所が丸見えになってしまうので、せっかくの古写本も見た目の悪いものになってしまうのである。これを逃れるために行われたのが、綴葉装への改装であると考えられる。

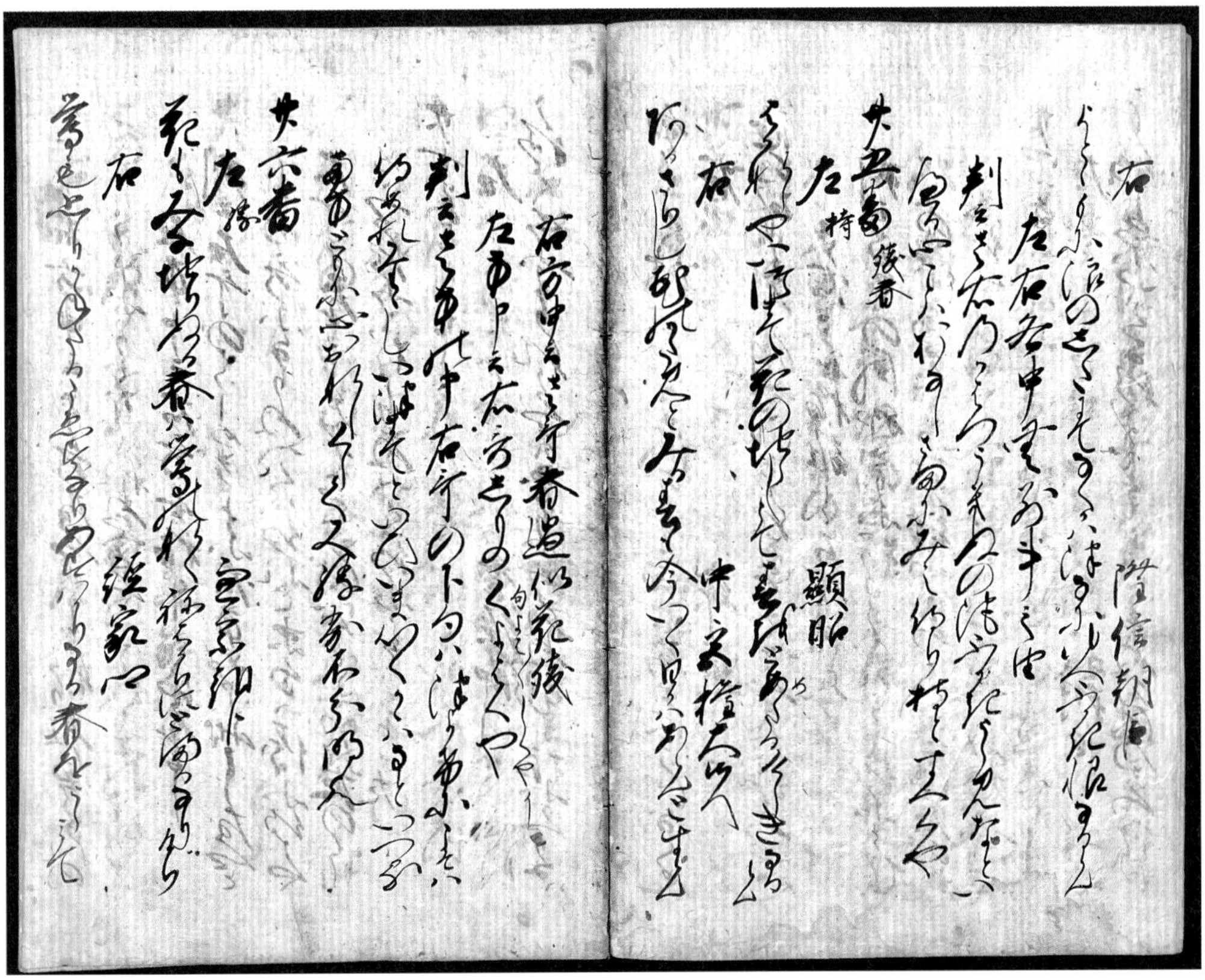

[図④]…袋綴装を綴葉装に改装し、綴じ穴部分を裁ち落した例。『六百番歌合』伝青蓮院尊応筆〔室町中期〕写2帖(欠恋部)(個人蔵)。料紙は芯を挟まずに貼り合わせてあり、綴じ穴が目立ったものと思われる。

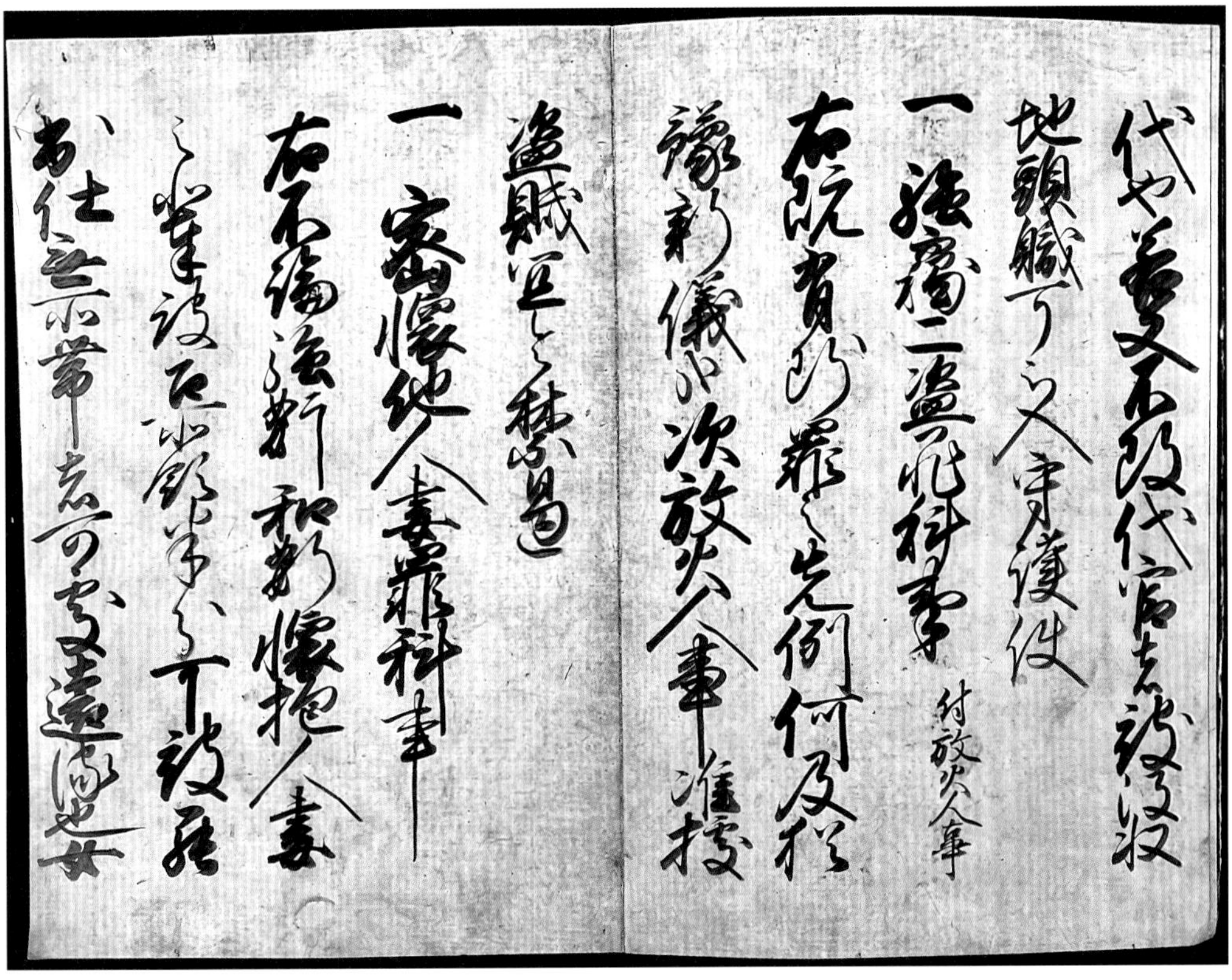

[図⑤]…袋綴装を折帖に改装した例。『御成敗式目』〔江戸前期〕 写1帖(個人蔵)。袋綴装の折目を谷折りにし、綴じ代を裁ち落して改装したと考えられる。

糊代部分を裁ち落としてから、紙を表裏に分割して、やはり一頁分で一枚の紙にし、見開きの大きさの薄い紙を芯として、順番を計算して表裏に二枚ずつ貼り付けていき、綴葉装として仕立てるのである。綴葉装は折目に穴を開けるので、折目部分にさほどの余白を必要としないという特性を生かした改装であるといえるであろう。また粘葉装は両端に余白があるのが普通であるので、その点でも綴葉装に改めやすいといえる。

こちらは数年に一度確認できるかどうかという程度であるが、慶應義塾図書館蔵の久我家・折口信夫旧蔵の『秘抄〈文鳳抄〉』巻九（慶應義塾メディアセンターデジタルコレクションで画像が公開されている）や、『一誠堂書店創業一一〇周年記念古典籍善本展示即売会目録』（二〇一三年）に見える、承久二年（一二二〇）写の『新撰朗詠集』などが、その確実な例である。どちらも折目付近の補修が確認できるのであるが、虫損の形状が折目を中心として左右対称になっておらず、元は少し離れた場所にあったことが分かるのである。巻子装と折本装の改装でもそうであるが、虫穴の形状は改装前の姿を推測する大きな手掛かりになることが多いので、嬉しくはない存在であるものの、役に立つこともあるのである。虫損の少ないものの場合は、やはり折目部分に表裏共に紙継ぎがあるかどうかを確認すればよいであろう。

これもかなり特殊な事例であるが、袋綴装を折本装あるいは折帖に改めたものも時折見かけることがある。江戸前期の横本型の絵入本を折本装に改めた例は、そうした理由がよく分からないものである。絵巻のように長く広げる利用を目的とし、手を放しても比較的安定する特性を活かそうとしたものであろうか。そもそも絵入り本を折本装で製作することは基本的にないので、容易に改装と判断できる事例である。

書道手本として書写されたとおぼしい袋綴装を、折帖に改装したもの〔図⑤〕は、手を離して利用できる折帖の方が、手本として利用しやすく、見栄えもよくなると考えてのことと思われる。本文の料紙と厚みを持たせるために貼り合わされた裏紙の時代が合わないことなどから、最初から折帖として作られたものでないことが判断でき、大きさや紙質、紙の汚れ具合などを総合的に判断して、もとは袋綴装であったと判断できるのである。

これらのような例外的な改装は、利用目的のために思い付きで行われたものもありそうである。それは改装というものが、現代の我々が考えるほど大変なものではなく、やろうと思えば可能なものであったことを教えてくれるようでもある。とはいえ、冊子本を巻子装に改めたものや、袋綴装を綴葉装に改めたものなど、比較的出会うことの多い改装は、基本的に一方通行のものであることからして、やはり装訂として格の低いものを高いものへと改めることにより、その古写本の価値をより高めるために行われたものと考えらえるのである。こうした改装が何時ごろから行われるようになったのかははっきりしないが、古い書物への注目が高まった桃山時代以降のことと考えてよいのではないだろうか。このことについては回を改めて説明することとしたい。

日本文学研究に特化した、経済的支援のある大学院

SOKENDAI

国立大学法人
総合研究大学院大学
The Graduate University for Advanced Studies, SOKENDAI

大学共同利用機関法人　人間文化研究機構
国文学研究資料館

総研大《そうけんだい》（総合研究大学院大学）の日本文学研究コース※01は、国文学研究資料館（東京都立川市）を基盤機関とし、日本文学研究に特化した大学院です。博士後期課程だけから成るため、在籍する大学院生は、基本的には修士号を取得済みの段階で入学し※02、博士号の取得を目指して博士論文の執筆に励んでいます。当コースの指導教員は、国文学研究資料館に勤務する20数名の研究者です。

当コースについて特筆したいのは、大学院生のために用意されている経済的支援の制度です（上限の金額はあります）。その代表的なものに、①資料調査・学会参加のための旅費の補助、②書籍購入支援があります。指導教員と相談し、申請手続きを行えば、経済的負担を心配することなく、日帰りが難しい場所に所蔵されている原資料を閲覧・調査し、遠く離れた場所を会場とした学会で研究発表し、あるいは、研究に必要な書籍（場合によっては古典籍も含む）を購入することが可能です。在籍する全ての大学院生のために、このような経済的支援の制度が整備された大学院は、比較的珍しいかもしれません。

資料調査は、日本文学研究を含むあらゆる人文学研究の生命線といえます。当コースの基盤機関である国文学研究資料館は、原資料調査を主軸とした日本文学とその関連分野の研究を全国・世界規模で推進すべく、50年あまりにわたって、研究資源やネットワークを構築してきた実績があります。当コースに在籍している大学院生たちも、各自の研究テーマに即して、文献資料の調査に基づく研究を精力的に行っており、我々教員も日々大いに刺激を受けています。

私自身は、総研大の出身ではありませんが、大学院生時代には、定期的に原資料調査の機会に恵まれました。その中で出会った書物の一つに、こちらに図版を掲げる、江戸時代後半に出版されたいけばなの指南書、『挿花《そうか》衣《ころも》之《の》香《か》』初編（享和元年〈1801〉刊）があります。遠州流挿花の模範作品を絵にして集めたもので、儒者の山本北山《やまもとほくざん》（1752～1812）が漢文で序文を寄せています。現代の感覚からすると、儒学といけばなは没交渉であるような印象があります。しかし、明代中国の書物が盛んに読まれた江戸時代において、いけばなには、漢籍に精通した知識人（いわゆる文人）の営為という側面もありました。この刊本との出会いが一つの契機となり、挿花や漢詩制作を含む諸芸が近世日本の社会に浸透していった様相、また儒者・漢学者がそれにどのように関与したのかという問題について研究するようになりました。当コースの大学院生たちにも、原資料とのかけがえのない出会いを繰り返して頂きたいと思っています。

当コースについての詳細は、ホームページ（https://www.nijl.ac.jp/education/）をご覧ください。そちらからダウンロード頂ける「専攻案内2022」（PDF）に、最新情報がまとめられています。日本・世界各地から皆様の出願を心よりお待ちしています。

（国文学研究資料館准教授、総合研究大学院大学日本文学研究専攻准教授　山本嘉孝）

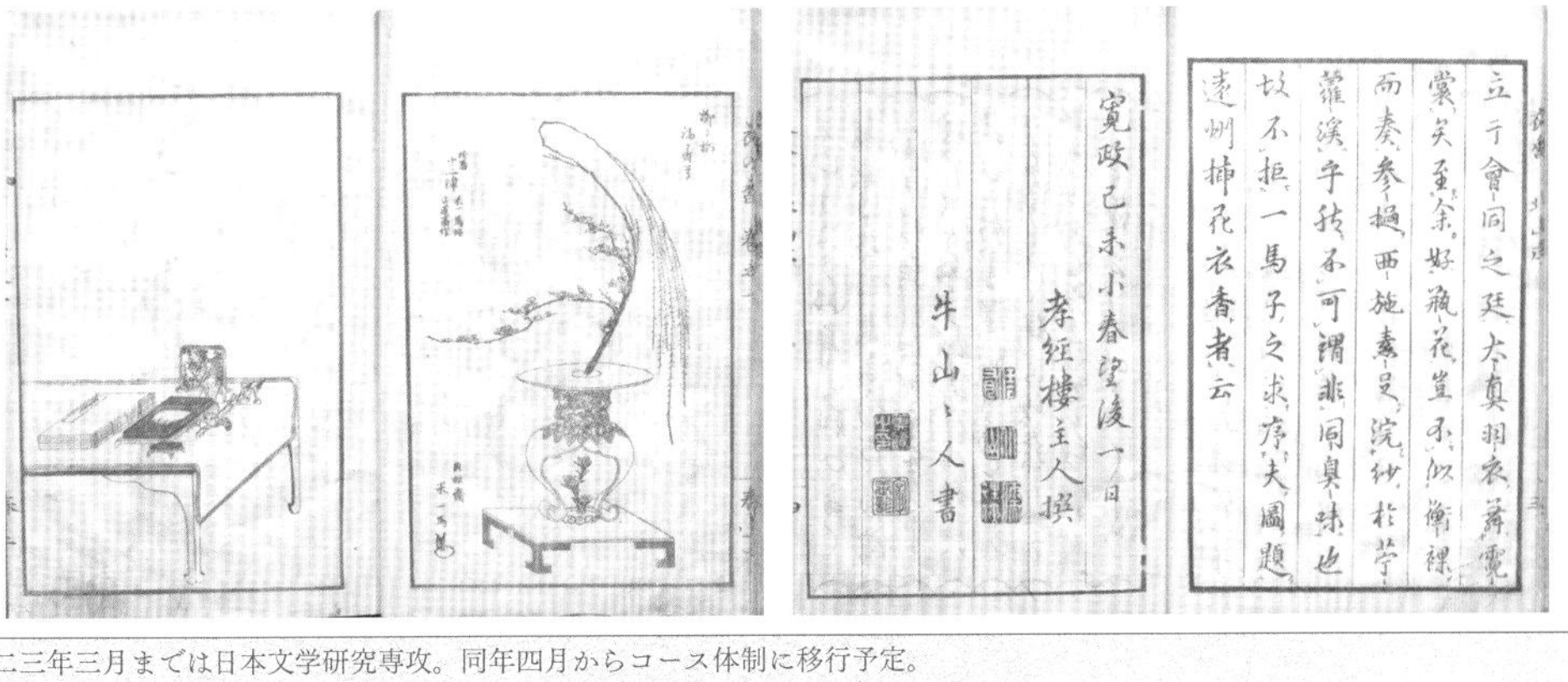

貞松斎一馬『挿花衣之香』初編（国文学研究資料館蔵）

※01 二〇二三年三月までは日本文学研究専攻。同年四月からコース体制に移行予定。
※02 入試概要ウェブページ https://www.nijl.ac.jp/education/university/admission/outline.html

日本文学研究コースへの入学に関するお問い合わせや資料請求は下記までご連絡ください。
〒190-0014 東京都立川市緑町10-3 国文学研究資料館 総務課教育支援係
TEL050-5533-2915 Fax042-526-8604 E-mail=edu-ml1@nijl.ac.jp

鎌倉時代禅僧喫茶史料集成

勉誠出版
本体13,500円

禅僧たちの記録からよみがえる鎌倉時代の喫茶文化

茶の文化は禅と深く関わるものであり、近年はその価値への世界的評価の高まりとともに、研究も盛んになっている。

なかでも茶を日本に伝えた栄西をはじめ、鎌倉時代の禅僧たちの史料は、禅と茶を語る上で避けては通れない。

しかし禅僧による史料は膨大・難解であり、これまで体系的な研究がなされてこなかった。

鎌倉時代の禅僧の史料を博捜し、喫茶史料を抽出、書き下し・現代語訳および訳注、解説を付す。

禅と茶の研究に新たな視座を提供する決定版史料集。

舘隆志〈著〉
（たち・りゅうし）一九七六年生まれ。駒澤大学専任講師、曹洞宗龍音寺住職。著書に、『園城寺公胤の研究』（春秋社、二〇一〇年）、『蘭渓道隆禅師全集』第一巻『蘭渓和尚語録』（共編、思文閣出版、大本山建長寺、二〇一四年）、『禅宗入門』（共著、別冊太陽239、平凡社、二〇一六年）など多数。

図版◎喫茶養生記（国立公文書館所蔵）
題字◎円覚寺管長横田南嶺

鎌倉時代禅僧喫茶史料集成

史料収集の対象とした禅僧

1 **栄西**（一一四一～一二一五）
2 **道元**（一二〇〇～一二五三）
3 **蘭渓道隆**（一二一三～一二七八）
4 **月峰了然**（生没年不詳）
5 **兀庵普寧**（一一九八～一二七六）
6 **円爾**（一二〇二～一二八〇）
7 **無学祖元**（一二二六～一二八六）
8 **大休正念**（一二一五～一二八九）
9 **東山湛照**（一二三一～一二九一）
10 **白雲慧暁**（?～一二九七）
11 **寒巌義尹**（一二一七～一三〇〇）
12 **山叟慧雲**（一二二七～一三〇一）
13 **無象静照**（一二三四～一三〇六）
14 **鏡堂覚円**（一二四四～一三〇六）
15 **南浦紹明**（一二三五～一三〇八）
16 **詮慧**（生没年不詳）・**経豪**（生没年不詳）
17 **徹通義介**（一二一九～一三〇九）
18 **無住道暁**（一二二七～一三一二）
19 **規庵祖円**（一二六一～一三一三）
20 **高峰顕日**（一二四一～一三一六）
21 **奇山円然**（?～一三一六）
22 **一山一寧**（一二四七～一三一七）
23 **約翁徳倹**（一二四四～一三二〇）
24 **秋澗道泉**（一二六三～一三二三）
25 **瑩山紹瑾**（一二六四～一三二五）
26 **鉄庵道生**（一二六二～一三三一）
27 **元翁本元**（一二八一～一三三二）

松朋堂《しょうほうどう》新収古書解題

私は二〇二〇年三月に大学を定年退職し、同年八月に古書店、松朋堂を開業した。本稿では、松朋堂の商品の中から面白そうなものを幾つか選んで紹介したいと思う。読者におかれましては、どうか最後までお目通し下さいますようお願い申し上げます。

連載 第三回

梵字母略伝〔平安初期〕写

一黙稿　春屋宗園撰 慶安三年（一六五〇）翠巌宗珉令写

【告知】
私が支配人を務める萬響（東京都千代田区神田神保町二―七 壽川ビル一階）では、二月二十二日（水）より二十五日（土）までの四日間、「萬響二周年記念 逸品展」を開催します。萬響参加店の（有）小川図書・浅倉屋書店・キクオ書店・衆星堂・古書肆 梁山泊に松朋堂を加えた六軒の古書店が選りすぐりの逸品を展示販売します。何卒御来場下さいますようお願い申し上げます。尚、展示品などの詳細は萬響のホームページ（https://www.bankyo.online/）などでお知らせします。

佐藤道生 ―― SATO Michio

古書店主。慶應義塾大学名誉教授。専門は古代・中世日本漢学。著書に『句題詩論考』（勉誠出版、二〇一六年）、『古代中世 日本人の読書』（共著、慶應義塾図書館、二〇二〇年）などがある。

本誌掲載品の御注文・お問い合わせは、koroan@jcom.zaq.ne.jp　電話 〇九〇―七二六八―六四三六 宛てにお願い申し上げます。

梵字母略伝〔平安初期〕写　巻子装一軸

朽葉色表紙、二十九・四×十七・八cm。巻尾の二紙のみを存する。第一紙、二十九・八×五十一・六cm、第二紙、二十九・八×十二・二cm。石山寺旧蔵。「寶玲文庫」蔵書印。

一、三二〇、〇〇〇円

◈

神田駿河台下の東京古書会館では、毎年十一月中旬に古典籍展観大入札会、いわゆる「秋の大《おお》市《いち》」が盛大に開催される。全国の古書籍商が持ち寄った選りすぐりの古典籍約二千点が会場の二階から四階までの三フロアに所狭しと展示されるのである。これは古書愛好家にとっては晩秋の風物詩、待ちに待った年中行事とでも言うべきものだ。大市は四日間に亙って開催され、前半の二日が下見に、後の二日が入札に充てられる。一般客は下見会場で目当ての書を実見し、懇意の業者に入札を依頼して購入するという仕組みである。私は三年前まではこの毎年恒例の催しに一般客として足を運んでいたが、二〇二〇年に松朋堂を開業してからは、業者として後半の入札会にも参加するようになった。

◇馬渕和夫先生の旧蔵書

昨年、大市は十一月十八日から二十一日にかけて行なわれた。その目玉商品の多くは、前年に引き続き、神田家旧蔵書だったが、それに交じって馬渕和夫先生（一九一八～二〇一一）の旧蔵書が目を引いた。馬渕先生は日本語学、中でも音韻学の権威で、『増訂 日本韻学史の研究』全三冊（一九八四年、臨川書店）の大著がある。御自身でも音韻学・悉曇学資料の体系的収集に努められ、先生自撰の『〈影印注解〉悉曇学書選集』全六冊（一九八五～一九九二年、勉誠社）には御架蔵書が幾つも収録されている。今回の大市に出品された青蓮院旧蔵の『梵字悉曇字母并釈義』『悉曇秘要』の二点はその中でも特に貴重書として名高く、会場でも多くの人々の注目を集めていた。

私はというと、もちろんその二点にも関心はあったが、それより寧ろその近くに置かれていた『梵字母略伝』と題する平安初期写本の方に心惹かれた。しかし、その書は梵字がたくさん列挙されていて、その右傍に朱筆の書入れがあるというだけの代物であり、一体何のための書なのか、私にはさっぱり分からなかった。こういう時にどうすれば良いかは前々回の記事の中で触れておいた。そう、古本屋は博識の研究者を捕まえて、ちゃっかり教えてもらうという手を用いるのである。

下見初日の午後、東京大学名誉教授で日本語学（訓点語学）が御専門の月本雅幸先生が会場にお見えになった。『梵字母略伝』に関して教えていただく相手としてこれ以上の学者は望めないのではないか。そう思った私は早速先生を捕まえて（失礼）、梵字の右傍の朱筆書入れは何なのか、単刀直入に尋ねてみた。「これは梵字に片仮名で読みを付けたものですよ」。返ってきた答えに私は絶句した。朱筆書入れの中に私の知る片仮名はひと文字も無かったからである。書写年代は平安初期と思われるから、本書は最初期の片仮名資料ということにもなる。後で知ったことだが、本書は馬渕先生の御著書『悉曇章の研究』（二〇〇六年、勉誠出版）の中でも触れられており、それによれば、梵字の基本形とそのバリエーション（架空の字形を含む）とを集成した撰者未詳の『大悉曇章』の一本（の末尾部分）とのことである。

◇石山寺の蔵書

この『梵字母略伝』古写本は、実は嘗て昭和六十二年（一九八七）十一月の大市に出品されたことがある。馬渕先生が本書を入手されたのは恐らくこの時であろう。本書は前述の『〈影印注解〉悉曇学書選集』に入って然るべきものだが、平安時代の資料を収めた第一巻（一九八五年）・第二巻（一九八六年）がすでに刊行済みだったので、公開の機会を逸したものと思われる。

本書は僅か二紙から成る巻子本で、巻首に方形「石山寺経蔵」朱印記が捺されている。真言宗大本山の石山寺（滋賀県大津市）は、その歴史の古さもさることながら、その蔵書の質と量とが抜きん出ていることで名高い。一般によく知られているのは「石山寺一切経《いっさいきょう》」と呼ばれる八十函から成る仏教経典群で、各巻首に「石山寺一切経」の墨印記が捺されている。石山寺には、これとは別に「校倉聖教《あぜくらしょうぎょう》」と呼ばれる三十函から成る一群の蔵書があり、こちらには「石山寺経蔵」の朱印記が捺されている。つまり『梵字母略伝』はもと校倉聖教に収蔵されていた書なのである。

『昭和法宝総目録』第三巻（大正新脩大蔵経別巻）所収、『石山寺蔵中聖教目録』が校倉聖教の蔵書目録である。たしかに本書はその第二十八函（悉曇部）に「梵字母略伝　一巻」と著録されている。

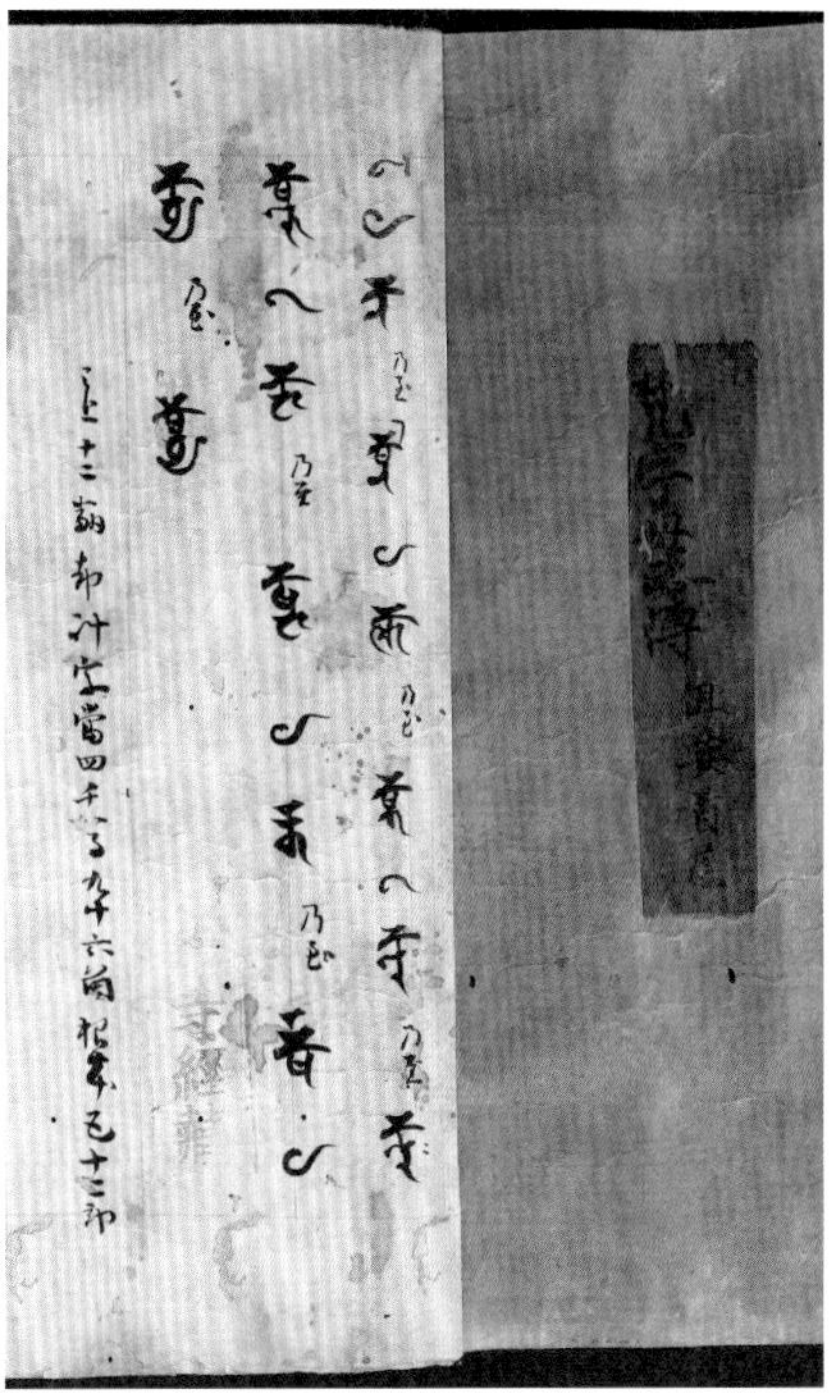

［図01］…巻首「石山寺経蔵」朱印記の「石山」の二字が擦り消されている。

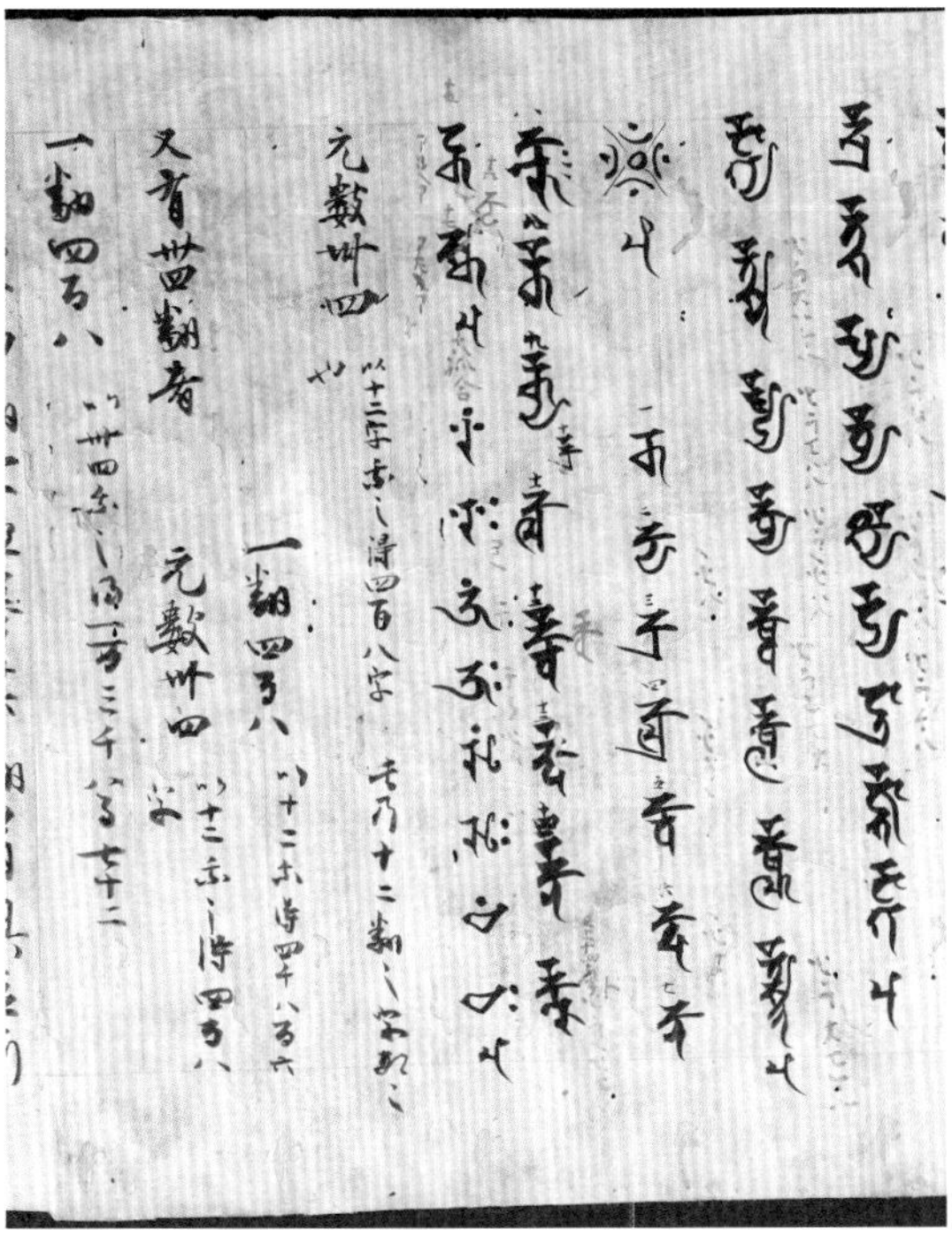

［図02］…第一紙（後半）

この『石山寺蔵中聖教目録』は安永五年（一七七六）尊賢が作成したもので、その当時『梵字母略伝』は確実に校倉聖教中にあったのだが、その後いつの頃か庫外に流出してしまったのである。校倉聖教蔵書で石山寺の外に出てしまった書籍は本書だけではなく、かなりの数に上る。安永五年当時、例えば第二十八函には十四巻・十一帖の書が収納されていたが、現在は五巻・九帖の書しか目にすることができない。(1)

◇文泉房朗澄の蒐書

それでは、この校倉聖教とは一体どのような特徴を持った蔵書なのか。それは、始め勧修寺に、後に石山寺に住した学僧、文泉房朗澄《ろうちょう》（一一三二〜一二〇九）が蒐集した千八百部余りから成る仏教書籍群である。(2) この蔵書は朗澄が自ら書写・加点した書に、その師慶雅・観祐・淳観等から相伝した書を加えた平安後期から鎌倉初期にかけての写本が大半を占めるが、それだけではない。朗澄はさらに平安初期から中期にかけての貴重な写本を博捜し、真言密教の体系的な蔵書構築を図ったのである。校倉聖教が室町後期に「文泉房密宗文庫」と呼ばれて尊崇の念を集めたのも故無しとしない。

田中稔氏（注2論文）によれば、現在の校倉聖教の中で平安初期写本は十八点を数えるに過ぎないという。とすれば、この『梵字母略伝』は朗澄の蔵書の中でも頭抜けて古く、また極めて稀少な資料であると言えよう。

［図03］…第一紙（部分）

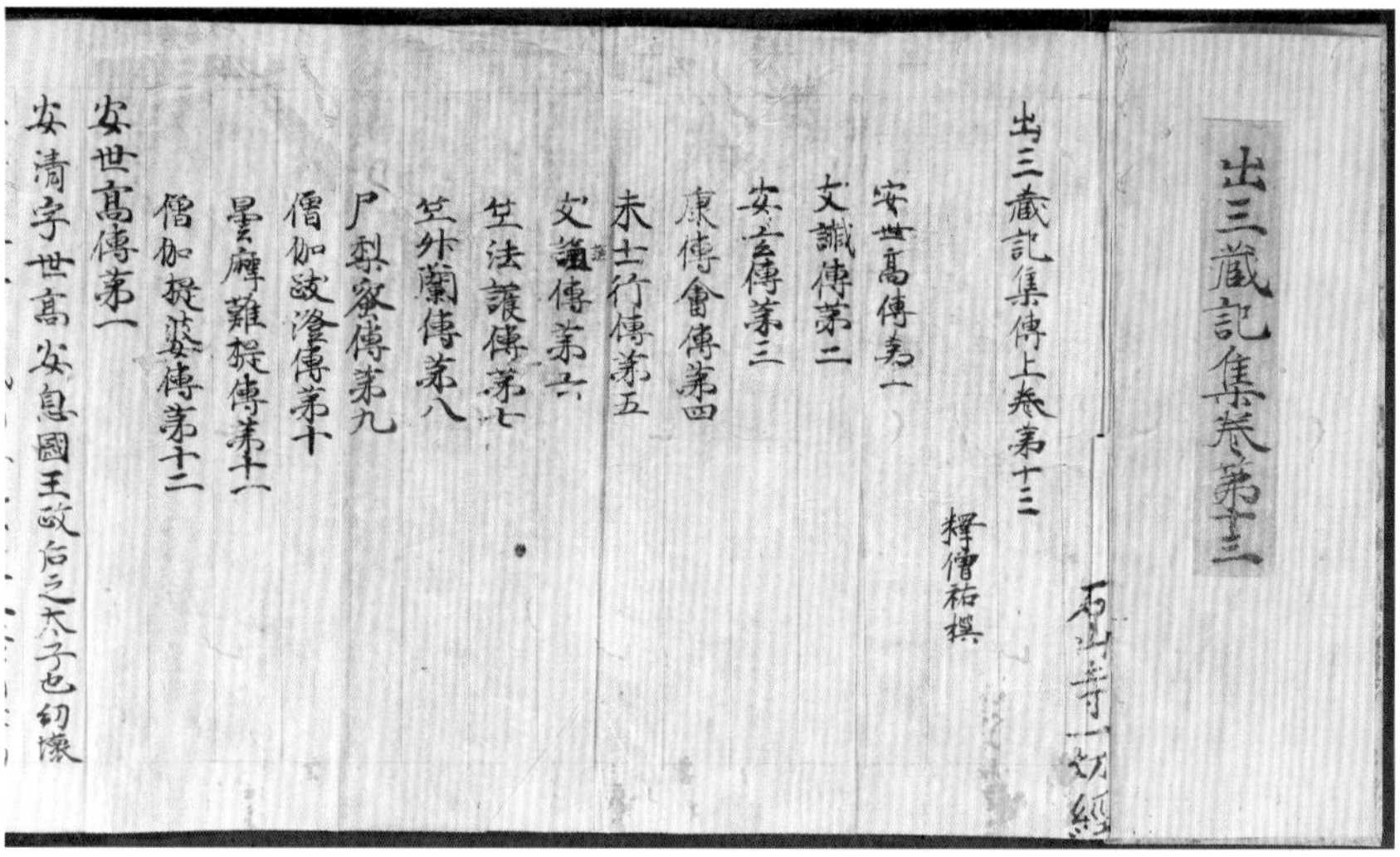

[図04]…石山寺旧蔵『出三蔵記集』巻十三 巻首

◇附・石山寺一切経

ところで、朗澄は石山寺一切経の完成に尽力したことでも知られる。抑も石山寺一切経は念西が久安四年（一一四八）発願勧進したことに端

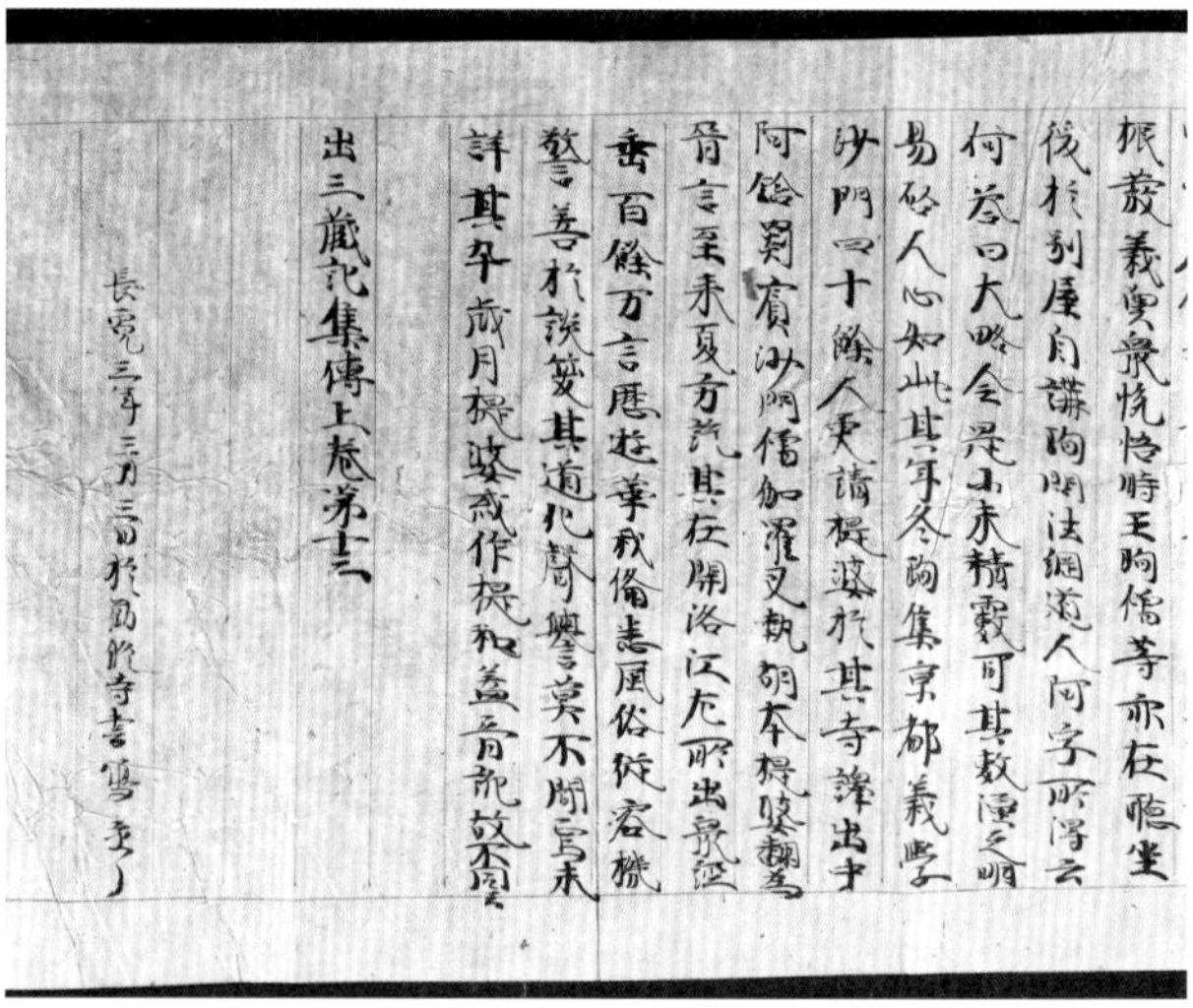

[図05]…石山寺旧蔵『出三蔵記集』巻十三 巻尾

を発し、或いは新たな経典書写を行ない、或いは周辺から古写本を求めるなどして推進した大事業であった。しかし念西一代の間では完遂できず、保元頃（一一五六～一一五九）に念西が没した後、事業を継承し完結させたのが他ならぬ朗澄であった。朗澄が一切経事業に携わった最初は、恐らく長寛三年（一一六五）二月の『出三蔵記集』書写であろう。巻一の奥書に「長寛三年二月廿七日於勧修寺書写了　朗澄」とその名が見える。この書は石山寺一切経の第七十五函に現存するが、十五巻中、巻十三を欠いている。幸いその巻十三が松明堂にあるので、巻首・巻尾の書影を掲げておこう。尚、本書の底本は開宝蔵（或いはその転写本）である。巻四の奥書に刊記「大宋太平興国元年丙子歳奉／勅雕造太平興国八年奉勅印」が移写されている。

注

（1）校倉聖教中、石山寺に現存する書については「石山寺校倉聖教〈第一函～第三〇函・附函〉」（石山寺文化財綜合調査団編『石山寺の研究――校倉聖教・古文書篇』一九八一年、法蔵館）に、書誌的事項を始めとする詳しい情報が見られる。

（2）校倉聖教・朗澄については、田中稔「石山寺校倉聖教について」（『石山寺の研究――校倉聖教・古文書篇』）、月本雅幸「朗澄律師と古訓点」（石山寺文化財綜合調査団編『石山寺の研究――深密蔵聖教篇下』一九九二年、法蔵館）を参照されたい。

〔附記〕 本稿を為すに当たり、月本雅幸先生から懇切な御教示をいただきました。厚く御礼申し上げます。

一默稿（外題）　春屋宗園撰　慶安三年（一六五〇）翠巌宗珉令写　二冊

香色表紙、二十八・三×二十一・〇cm。字面高さ、二十四・二cm。十行十九字～二十三字。朱の句点・竪点・鉤点。墨付け張数、八十八張（乾冊）、八十張（坤冊）。巻尾に翠巌宗珉の識語がある。

一、一〇〇、〇〇〇円

◆

『一默稿《いちもくこう》』は大徳寺第百十一世、春屋宗園《しゅんのくそうえん》（一五三〇～一六一一）の語録である。乾冊に法語、道号頌、讃語を、坤冊に香語、秉炬、偈頌を収める。書中には近衛信尹、千利休、前田利家及び室家宗富、石田三成、黒田長政、浅野幸長、小堀政一（遠州）、古田重能（織部）、曲直瀬正琳らとの交流を窺わせる作品が数多く見出される。本書は安土桃山文化を語るに欠かせない第一級の資料であると言えよう。伝本は極めて少ない。

ここに紹介する写本でまず目を引くのはその大きさである。同門の古溪宗陳とともに大徳寺の黄金時代を築いた春屋の別集に相応しい書品を備えている。翠巌宗珉の自筆識語に、

捴計貳冊宗受首座書之以
賜〈予〉不逾月而成者可嘉尚矣
慶安庚寅秋八月日　宗珉書

（総計貳冊、宗受首座《しゅそ》之れを書して以つて予に賜ふ。月を逾《こ》えずして成る者、嘉尚す可し。慶安庚寅秋八月日、宗珉書す。）

とあり、慶安三年（一六五〇）秋、大徳寺の翠巌宗珉（一六〇八～一六六四）が宗受首座に命じて書写させたものと知られる。底本については何も記していないが、翠巌が春屋宗園、江月宗玩の法《はっ》嗣《す》に列なることを思えば、寺中の最善本を底本としたことは疑いなかろう。翠巌は七年後の明暦三年（一六五七）三月、大徳寺第百九十五世を嗣いでいる。

『大徳寺禅語録集成』第四巻（一九八九年、法蔵館）には本書の大徳寺三玄院蔵本が影印されている。それとこの本とを比べてみると、作品の出入りが見出される。例えば道号頌（百五十則）中、「安叟号」の五字目から次の「休叟号」の四字目までの七十一字を三玄院蔵本は欠くが、この本は

［図06］…表紙

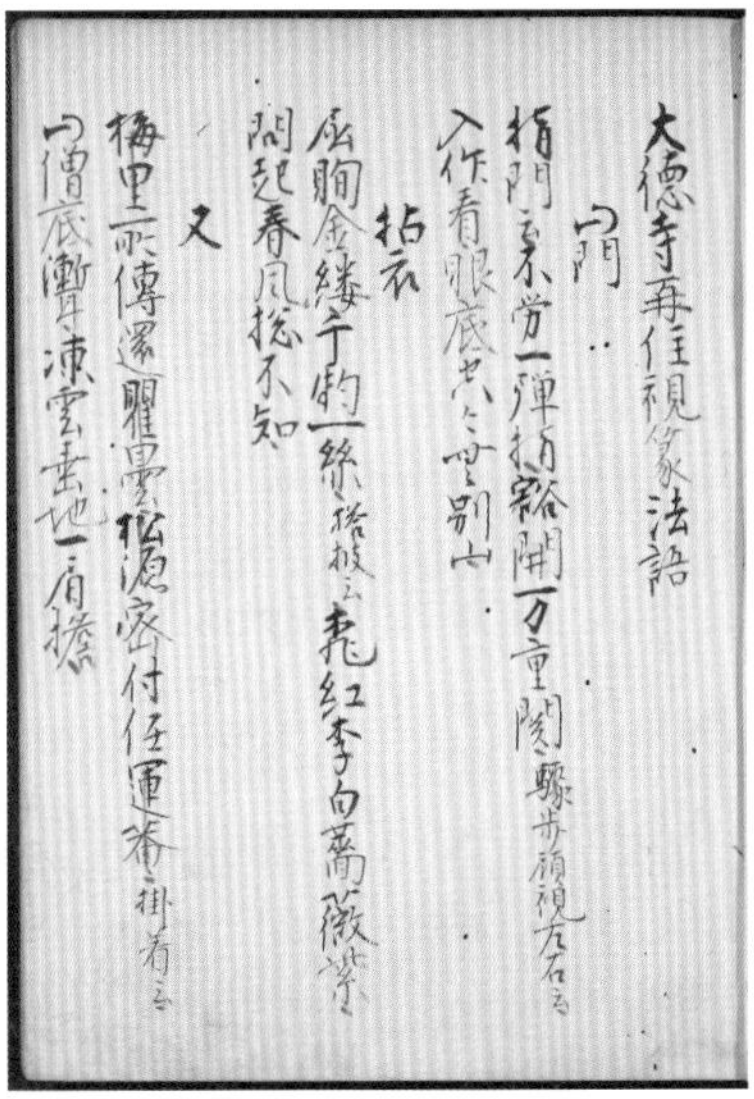
［図07］…巻首

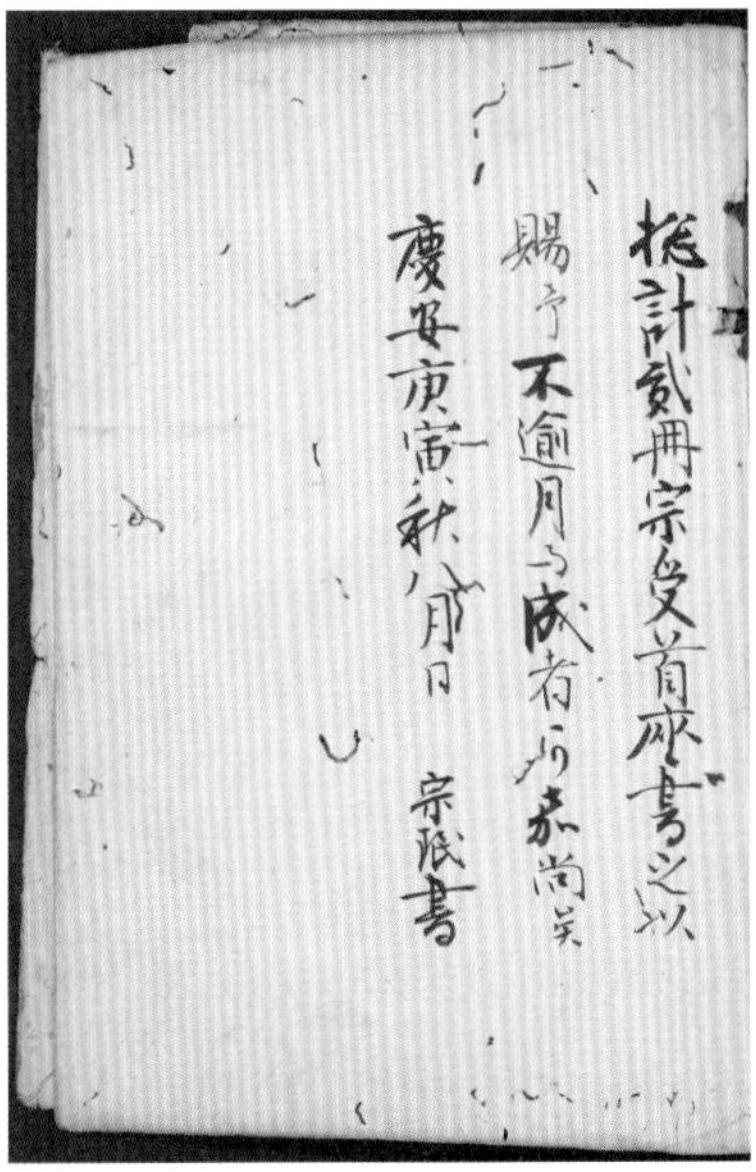
［図08］…巻尾の識語

存する。これは両作品ともに最初の四文字が「老倒疎慵」であるため、三玄院蔵本の書写者が目移りして書き落としたのである。また、これとは逆に、偈頌（二百五十首）中、三玄院蔵本に見える（連続する）四首をこの本は欠いている。これは筆者の宗受がうっかり書き落としたのであろう。

このほか、両者の間には本文異同が散見される。

書籍はどう動いたのか——近代書籍流通史料の世界04

『改正日本地誌略暗記問答』にみる奈良の売弘人たち（上）

——地域の書物文化環境を調べるために（2）

磯部 敦 ……………ISOBE Atsushi

奈良女子大学研究院人文科学系教授。専門は近代日本出版史。印刷製本の技術史、近代奈良県を事例とした出版流通史、蔵書形成史など、書籍文化に関わる事象を研究している。

前号では出版物、とりわけ奥付情報と諸本調査の問題について検討したが、今号では明治初期に奈良で刊行された『改正日本地誌略暗記問答』を取りあげ、その売り弘めに関与した人物の素性ついて、諸史料からアプローチしてみたい。彼らは何者で、どのような書物を取り扱っていたのだろうか。

◎史料（2） 出版物——教科書

前号で述べたとおり、奈良県内刊行の出版物を調べるにあたっては、国立国会図書館デジタルコレクションの詳細検索で「出版地」を「奈良」とし、その結果を時系列に——「出版日」を「古い順」に——並べかえて奥付を確認していった。おそらくはどの地域でもおなじような並びになると思うのだが、明治初期の出版物には教科書や教科用参考書類（以下、これらをまとめて「教科書類」と称する）が多く並ぶことになる。

今回ここで取りあげるのは、検索結果で先頭辺に出てくる静間密[1]『改正日本地誌略暗記問答』（阪田購文堂）である。横小本三冊で、明治九年（一八七六）〜十年（一八七七）の刊行。[2]出版元の阪田購文堂は、三条通の終着点である猿沢池辺の橋本町、すなわち往来頻繁な好立地に所在し、「企業中の老舗なり、小学教科書の販売を以て県

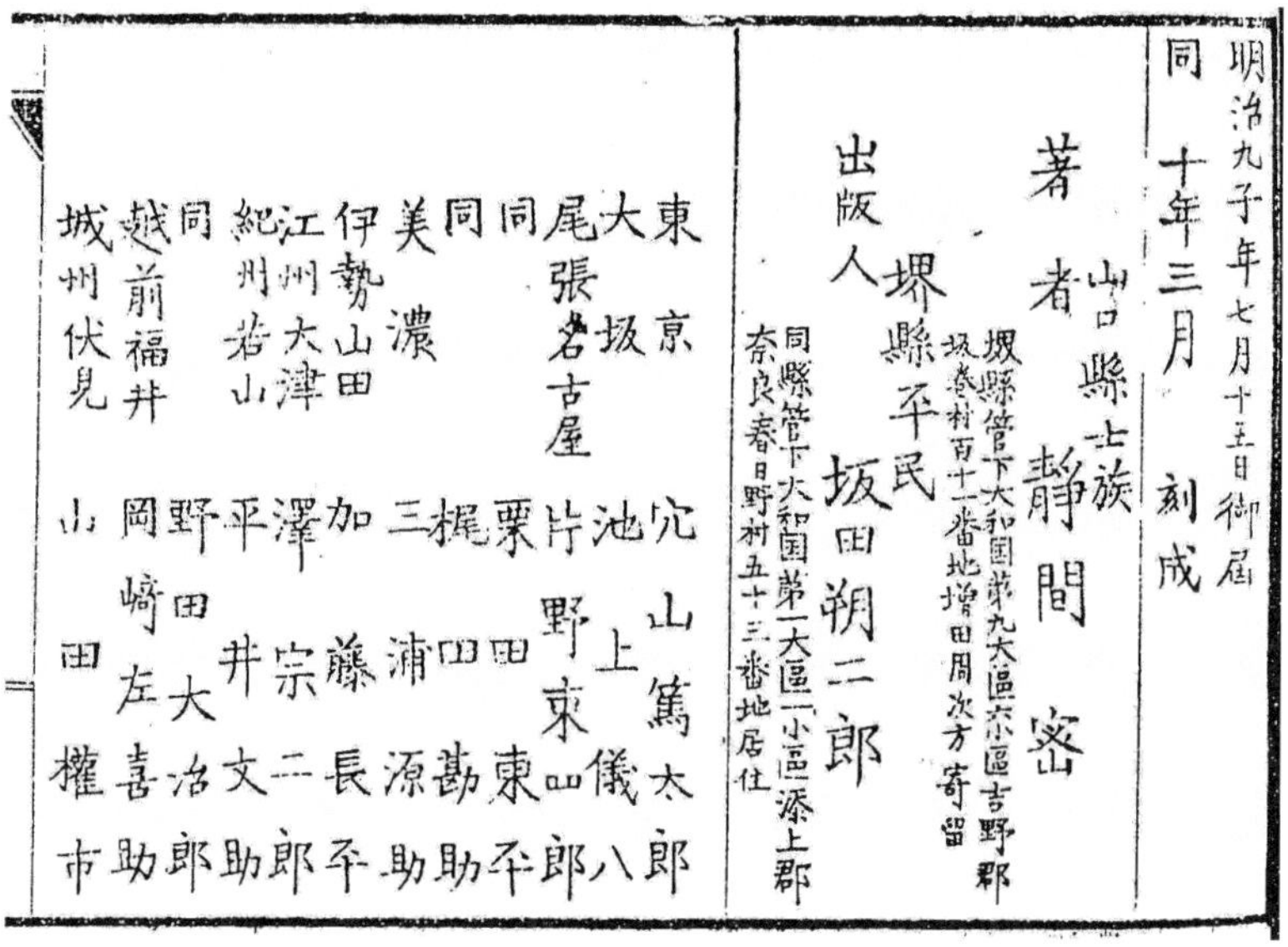

明治九子年七月十五日御届
同　十年三月　刻成
著者　山口縣士族　静間密
堺縣管下大和国第九大區六小區吉野郡坂合村百十一番地増田周次方寄留
出版人　堺縣平民　坂田朔二郎
同縣管下大和国第一大區一小區添上郡奈良春日野村五十三番地居住
東京　穴山篤太郎
大坂　池上儀八
尾張名古屋　片野東四郎
同　栗田東平
同　梶田勘助
美濃　三浦源助
伊勢山田　加藤長平
江州大津　澤宗二郎
紀州若山　平井文助
同　野田大治郎
越前福井　岡崎左喜助
城州伏見　山田権市

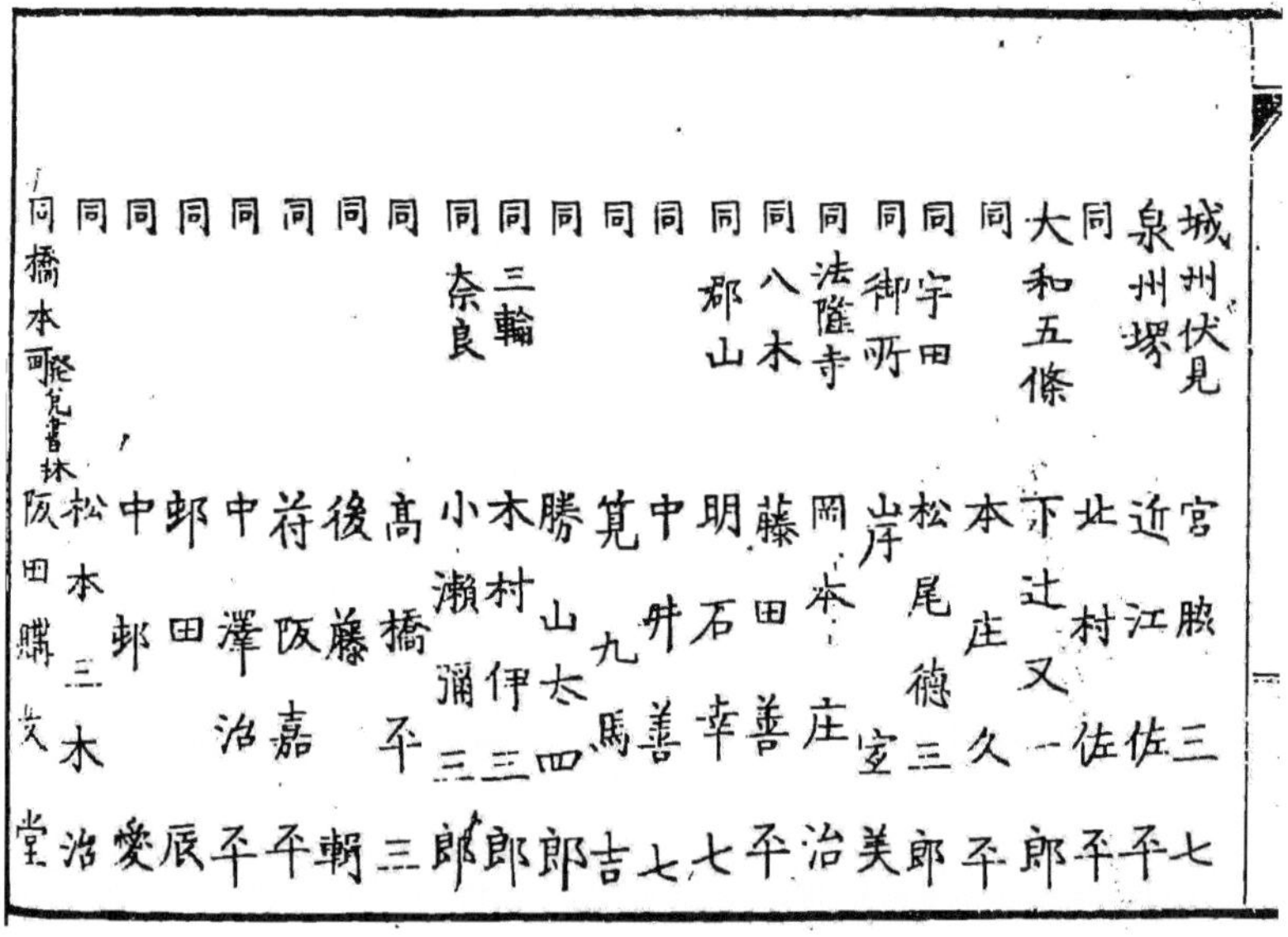

城州伏見　宮脇三七
泉州堺　近江佐平
同　北村佐平
大和五條　下辻又一郎
同　本庄久平
同宇田　松尾徳三郎
同御所　岸宣美
同法隆寺　岡本庄治
同八木　藤田善平
同郡山　明石幸七
同　中井善七
同　筧九馬吉
同　勝山太四郎
同三輪　木村伊三郎
同奈良　小瀬弥三郎
同　高橋平三
同　後藤輯
同　符阪嘉平
同　中澤治平
同　村田辰
同　中村愛
同　松本三木治
同橋本町発兌書林　阪田購文堂

［図01（上）・02（下）］…『改正日本地誌略暗記問答』奥付（国立国会図書館蔵）

下に鳴る」と評された本屋である。(3) 前号掲載の図版『順路案内奈良名勝 写真画帖』（大和図書出版本舗、明治三十三年（一九〇〇）再版）奥付にもあるように、のちに印刷所「奈良明新社」も創業している。(4)

さて、同書は教科書「日本地誌略中ヨリ其最要ノ件ヲ鈔録シ問答ニ供スル」（凡例）ための参考書である。畿内八道八十四国のうち北海道十一国を除く畿内七道七十三国に関わる問答を記したもので、その売弘書肆として、奈良からは次の人びとが列記されている［図01・02］。

大和五條　下辻又一郎
同　本庄久平
同　宇田　松尾徳三郎
同　御所　岸宣美
同法隆寺　岡本庄治
同　八木　藤田善平
同　郡山　明石幸七
同　中井善七
同　筧九馬吉
同　勝山太四郎
同　三輪　木村伊三郎
同　奈良　小瀬弥三郎
同　高橋平三
同　後藤輯
同　符阪嘉平
同　中澤治平
同　村田辰
同　中村愛
同　松本三木治
同橋本町　発兌書林　阪田購文堂

宇陀・御所・法隆寺・八木・三輪でそれぞれ一名ずつ、五條で二名、郡山で四名、奈良で阪田購文堂を含む九名の合計二十名が掲出されているが、以下、現時点で知りえた各人の素性を見ていこう。

五條

下辻又一郎と本庄久平の二名が列記されているが、下辻についてはこの『改正日本地誌略暗記問答』のほか静間密『万国地誌略暗記問答』〔小瀬弥三郎・森田徳松、明治十年〜十一年〔一八七八〕〕以外に名を見ず、素性も確認できないでいる。

もう一人の本庄久平は、「本城久平」表記で売弘一覧に頻出する。(5)『改正修身人之基訓蒙』〔岡本荘治、明治十年〕や岡橋万三編『小学初等科作文必携』〔岸宣美・竹内義厚、明治十五年〔一八八二〕〕などの教科書類のほか、仙橋散士『政海艶話　国会後の日本』〔此村庄助・松村九兵衛、明治二十年〔一八八七〕〕といった政治小説にも名を連ねている。久平の孫、五條に生まれた教育者・女性運動家の河崎なつは、祖父久平について次のように述べる。

> ここに出ている祖父の本城久平は、「松久」という屋号で代々受けつがれていた漢籍の本屋をいとなんでいたが、文明開化の風は五條の町にも吹きこんで、息子の一人は帽子やシャツをあきなう「西洋みせ」――唐物屋をひらき、もう一人の息子は「萬国時計商」をひらいた。この時計商が、なつの父親で、当時、時計屋は郡内に一軒しかなかったらしい。(6)

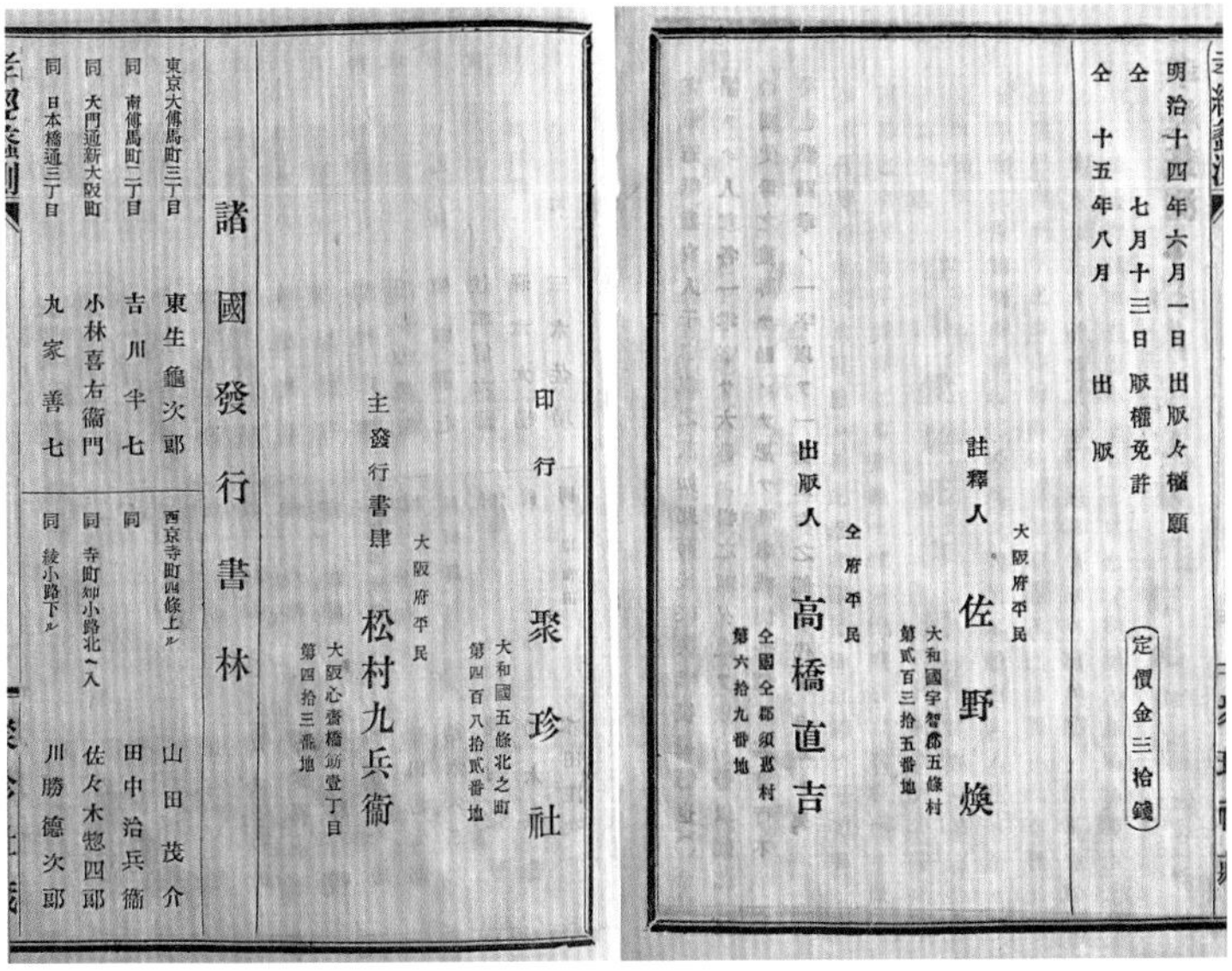
明治十四年六月一日出版々權願
全　七月十三日版權免許
全　十五年八月出版
定價金三拾錢
大阪府平民　大和國宇智郡五條村第貳百三拾五番地　註釋人　佐野煥
全府平民　全國全郡須恵村第六拾九番地　出版人　高橋直吉
印行　聚珍社
大阪府平民　大和國五條北之町第四百八拾貳番地
大阪心齋橋通新壹丁目第四拾三番地　主發行書肆　松村九兵衛
諸國發行書林
東京大傳馬町三丁目　東生龜次郎
同　南傳馬町二丁目　吉川半七
同　大門通新大阪町　小林喜右衛門
同　日本橋通三丁目　丸家善七
西京寺町四條上ル　山田茂介
同　寺町姉小路北ヘ入　田中治兵衛
同　佐々木惣四郎
同　綾小路下ル　川勝德次郎

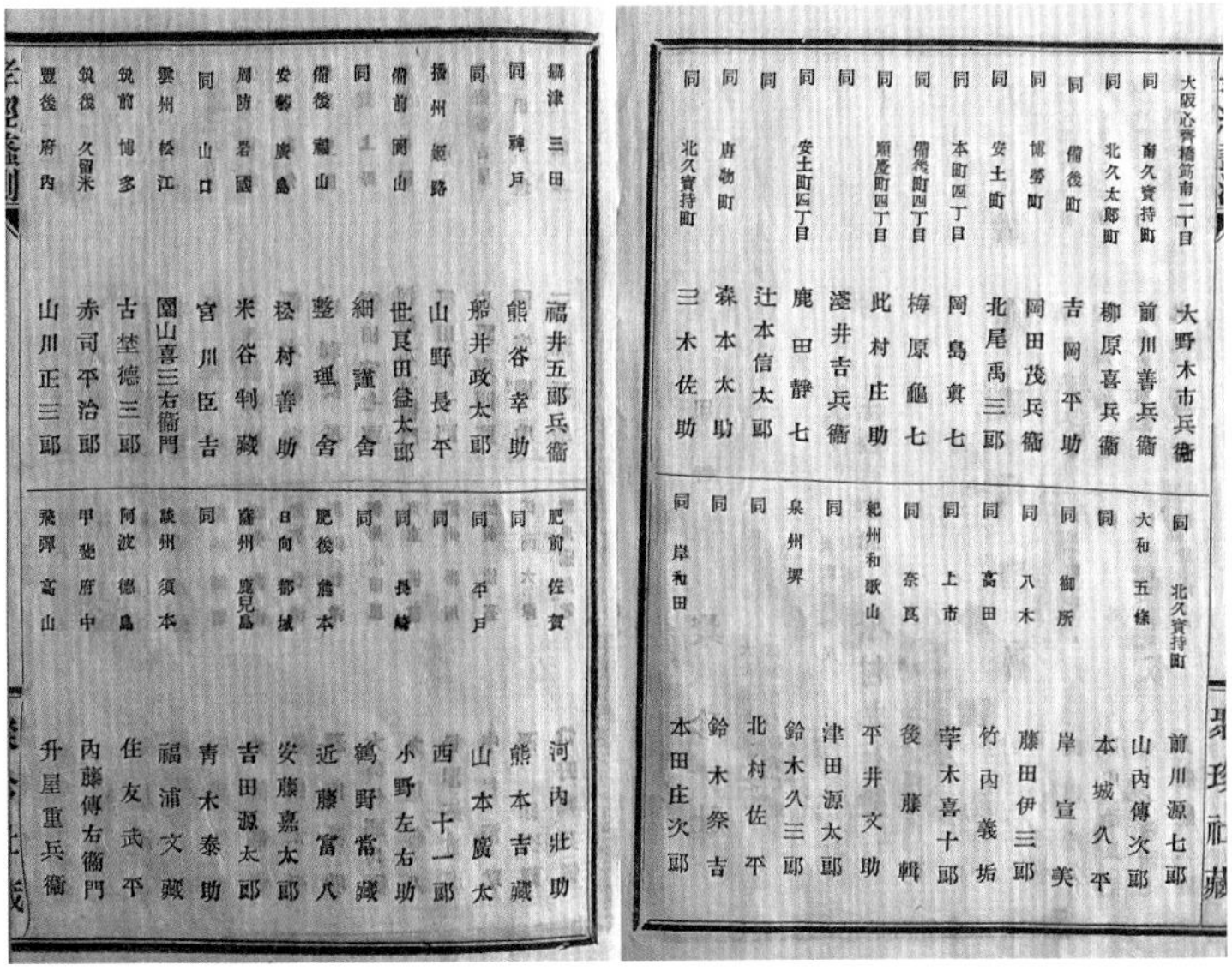
大阪心齋橋筋南一丁目　大野木市兵衛
同　南久寶寺町　前川善兵衛
同　北久太郎町　柳原喜兵衛
同　備後町　吉岡平助
同　博勞町　岡田茂兵衛
同　安土町　北尾禹三郎
同　本町四丁目　岡島眞七
同　備後町四丁目　梅原龜七
同　順慶町四丁目　此村庄助
同　澁井吉兵衛
同　安土町四丁目　鹿田靜七
同　辻本信太郎
同　唐物町　森本太助
同　北久寶持町　三木佐助
同　北久寶持町　前川源七郎
大和五條　山内傳次郎
同　本城久平
同　御所　岸宣美
同　八木　藤田伊三郎
同　高田　竹内義姤
同　上市　亭木喜十郎
同　奈良　後藤輯
紀州和歌山　平井文助
同　津田源太郎
泉州堺　鈴木久三郎
同　北村佐平
同　鈴木祭吉
同　岸和田　本田庄次郎
攝津三田　福井五郎兵衛
同　神戸　熊谷幸助
同　船井政太郎
播州姫路　山野長平
備前岡山　世良田盆太郎
同　細謹舎
備後福山　整理舎
安藝廣島　松村善助
周防岩國　米谷判藏
同　山口　宮川臣吉
雲州松江　園山喜三右衛門
筑前博多　古埜德三郎
筑後久留米　赤司平治郎
豐後府内　山川正三郎
肥前佐賀　河内壯助
同　熊本吉藏
同　平戸　山本廣太
同　西十一郎
同　長崎　小野左右助
同　鶴野常藏
肥後熊本　近藤富八
日向都城　安藤嘉太郎
薩州鹿兒島　吉田源太郎
同　青木泰助
讃州須本　福浦文藏
阿波德島　住友武平
甲斐府中　内藤傳右衛門
飛彈高山　升屋重兵衛

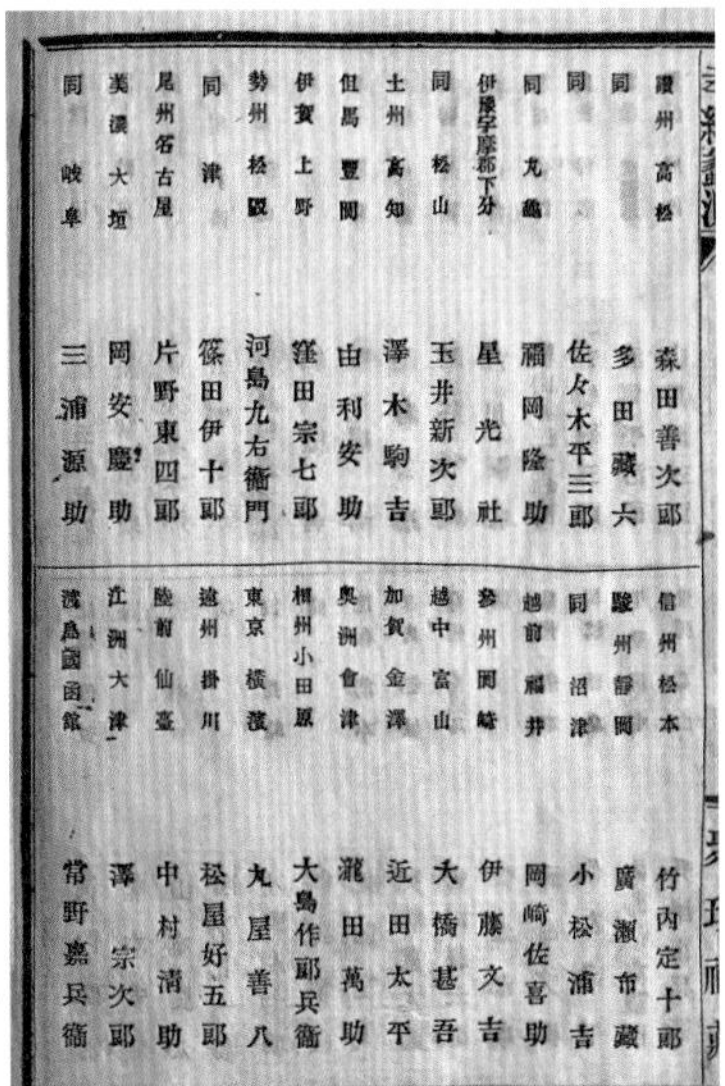
讃州高松　森田善次郎
同　多田藏六
同　佐々木平三郎
同　丸龜　福岡隆助
伊豫宇摩郡下分　星光社
同　松山　玉井新次郎
土州高知　澤木駒吉
但馬豐岡　由利安助
伊賀上野　窪田宗七郎
勢州松阪　河島九右衛門
同　津　篠田伊十郎
尾州名古屋　片野東四郎
美濃大垣　岡安慶助
同　岐阜　三浦源助
信州松本　竹内定十郎
駿州靜岡　廣瀬市藏
同　沼津　小松浦吉
越前福井　岡崎佐喜助
參州岡崎　伊藤文吉
越中富山　大橋甚吾
加賀金澤　近田太平
奥洲會津　瀧田萬助
相州小田原　大島作郎兵衛
東京横濱　丸屋善八
遠州掛川　松屋好五郎
陸前仙臺　中村清助
江洲大津　澤宗次郎
渡島國函館　常野嘉兵衛

［図03（上）・04（中）・05（下）］…『孝経蠡測』奥付。
奈良の売弘書肆は右丁下段［図04］。
五條掲出の「山内伝次郎」も詳細不明。

この「松久」を頼りに調べてみれば、藤田守『堺県地誌要略』（池上義八、明治十年）や『絵画共進現存画家人名一覧表』（赤志忠七、明治十六年（一八八三））の売捌一覧に「松屋久平」「松屋久兵衛」の名を見つけることができる。ただ、「代々受けつがれていた漢籍の本屋をいとなんでいた」こと、また久平が出版に関与した書物を見つけるに至っていない。

現在のところ、本城久平の活動は明治二十五年（一八九二）刊の萩井昇道編『筆珠算学書 尋常科三年級』（二友堂）「県下売捌書肆」掲載まで確認できているが、五條における印刷出版となると高橋直吉がその中心となる。

高橋直吉は聚珍社の名で活動する印刷所で、活動の最初は佐野煥『孝経蠡測』（高橋直吉、明治十五年）の「出版人」「印行」に名を見せることにあろうか。(7) 佐野煥は五条代官所の郷校主善館教授で、高橋は佐野句解の『宋文天祥正気歌』を、おなじく「出版人」「印行」で関わっている。(8) 聚珍社刊行の出版物を見るに、初期はいずれも「主発行書肆」として大阪の松村九兵衛（敦賀屋・文海堂）の名が確認できるが、たとえば[図03・04・05]『孝経蠡測』刊記「諸国発行書林」掲載の九十二肆は、高橋からすれば松村は自店出版書流通の窓口であり、松村からすれば高橋は新規販路開拓の一手といえよう。この関係性は、明治前期における新参書肆と近世以来の書肆との典型的なあり方を示しており、そして、その中に先ほどの本城久平もしっかりと名を連ねているのだった。

宇田（宇陀）

松尾徳三郎は、この『改正日本地誌略暗記問答』のほか亀谷行編『修身児訓』（浪華文会〔分版〕、明治十三年（一八八〇））の売弘書肆として「大和宇陀松山上中町 松尾徳三郎」、大袖喜代松編『小学初等新撰作文書』甲（木村伊三郎、明治十七年（一八八四））「各国売捌書肆」に「和州宇陀 松尾徳三郎」などと出てきている。

人名辞書類を見ていくと、弘化二年（一八四五）十一月、宇陀郡松山町に生まれた「松尾徳三郎」が確認できる。「区会議所会計係、学区取締、県会議員、府会議員、常置委員、勧業諮問会員、町村会議員」等のほか、明治二十七年（一八九四）には衆議院議員となっており、その後に大和銀行頭取、奈良県農工銀行取締役をつとめている。(9) 明治十一年四月『堺県職員録』中、「三大区四小区事務所宇陀郡松山町」に掲出の「出納役 松尾徳三郎」(10)や、明治十九年（一八八六）六月の府会議員補欠選挙で当選した「松尾徳三郎」(11)は、この人物ということになろう。明治十六年十月三日付「大和国置県ノ建白書」にあらわれる「同国同郡松山上中町 仝松尾徳三郎」(12)も、こうした役人・政治家としての行動の上に位置づけられよう。そして、この「松山上中町」という所付を根拠として、右「松尾徳三郎」両名は同一人と見なすことができるのである。

売弘人としては、明治十八年（一八八五）刊『語彙別記』（田中太右衛門）の「大和宇陀 松尾徳三郎」以降に名は見えず、明治二十二年（一八八九）刊『改正徴兵令』（中山鶴斎編、阪田購文堂）大売捌「宇陀松尾徳二郎」、明治二十五年刊『筆珠算学書 尋常科三年』（萩井昇道編、二友堂）県下売捌書肆「宇陀 松尾徳二郎」のように、徳三郎ではなく徳二郎の名があらわれてくる。その入れ替わり時期に相当する明治二十二年四月に、松尾は奈良町と高田に支店を設けて「金港堂其他出版所ト特約ヲ為シ県下一手大売捌」を担うことを宣言しているのだった。

> 奈良県令第廿一号御達ニ依リ小学教科用書改正書籍金港堂其他出版所ト特約ヲ為シ県下一手大売捌スルニ附テハ購求者ノ便利ヲ謀リ各所ニ支店ヲ設ケ広ク売弘メント欲ス為ニ来ル三月廿七日迄開店ノ印トシテ定価ヨリ五歩引特別直段ヲ以テ差上候間四方諸彦御購求アランコトヲ乞／大和国宇陀郡松山町上中町 松尾徳三郎／仝国奈良餅飯殿町拾二番地 松尾支店／仝国葛下郡高田村東口 松尾支店(13)

しかしながら、松尾のこの動きを疑問視する声があがる。明治二十二年六月刊『興和之友』十号掲載の投書「本県小学教科用図書の審査員たりし諸子に質す」（呑海居士）に、右の広告をふまえた次のような質問が記されている。

従来書肆に非ざりし、彼の松尾徳三郎の唐突にも、教科用書受売業を開始し、各地に本支店を設置し、以て吾全県下の需要に充つるは、蓋し撰定の際出版書肆と陰に特約を為せし結果にして、同氏は同盟者の名代人となり其売上高を監査するものなりと、伝聞す如何(14)

投書者は教科書類売弘人としての松尾を知らなかったことから「唐突にも」としているのだろうが、ここで注目しておきたいのは、「従来書肆に非ざりし、彼の松尾徳三郎」と具体的に名指して何かを想起させようとしている点である。この表現が導いているのは、『興和之友』八号（明治二十二年五月）・九号（同年同月）に掲載された「武市雄兎馬誹毀事件公判傍聴筆記」（同年四月二十四日〜五月六日）なのである。この裁判は、『興和之友』編集人の武市兎馬雄が同誌三号（明治二十二年一月）掲載「咄々怪事」で「小学教科用書選定に関する密談」が数回おこなわれたことを示唆した記事に対して、奈良県会議長の今村勤三、県会議員の中山平八郎と堀内忠司、奈良県師範学校長の土屋宏が名誉毀損で武市を訴えたもの。この裁判において武市は「今迄聞得し所の事実を陳述」したというが、「有実に関する相当の証憑資料を有するも今ハ遺憾にも続々挙示することを得ず」、結果、証拠不十分により原告勝訴となるのだった。その上で傍聴筆記を見ていこう。武市が言うには、「常置委員の一人なる松尾徳三郎」は「教科用書審査委員」(15)三名のもとを訪問し、「今迄各書林の出版せる中にも博文堂と金港堂の読本を採用せらるゝことゝなれバ幾分の報酬」があること、そして「是は私（松尾）一個の考にあらず、堀内・中山両氏より依托されたる代理」であることを伝えたのだという。教科書出版社と教科用書審査会をつなぐ人物として松尾は重要な位置にいたと言えようが、これもまた「有実に関する相当の証憑資料」を挙示できなかった。ただ、「密談」と利害の渦中の人物が「金港堂其他出版所ト特約ヲ為シ県下一手大売捌」を担うという事実は動かず、さらには『興和之友』編集人である武市のホームグラウンド掲載の傍聴記事ということもあって「疑団氷解せざる限りハ、世人ハ決して許さゞるべし」という投書なのであった。

この投書に対して、松尾は同誌十二号（明治二十二年七月）に次のような「事実」を提示する。「自分ノ書肆ハ明治六年開業」したもので、これまで『改正日本地誌略暗記問答』等の売捌人に名を載せており「今更開業ヲ為シタルモノ」ではない。「亀谷行編修身児訓及ヒ習字本等ハ大阪府下各小学教科用書ニシテ蔵版者大阪浪華文会ト請売ノ約定ヲ為」しており、「特約」を結んだ経験もある。さらに、「本県小学教科用書審査会ハ客年十一月中ニ」おこなわれていたのに対して「本県教科用書中金港堂発兌ノ書籍ヲ仝支店ト特約ヲ為セシハ本年三月廿三日」なのだから時期的には何の問題もなく、また「仝盟者ノ名代人トナリ其売上高ヲ監査スル如キハ曾テ与リ知ラザル処ナリ」。かくして「該記事ハ狡児ガ揣摩ノ臆測ヲ以テ斯ク起案セシモノ」である、と。

意外なところから松尾の起業年が分かったわけだが、この松尾の言い分を裏づける「相当の証憑資料」はなく、その意味では松尾が述べる「事実」も、武市の答弁や「伝聞」に基づく呑海居士の投書と同じ位相にある言説であった。

＊　＊　＊

紙幅の都合もあるので続きは次号にするとして、ひとまずの結びとして五條、宇陀と物流の関係に触れておきたい［図06］。

五條は、物流における重要拠点の一つであった。東西を流れる吉野川沿いに東の伊勢街道を行けば吉野、そして街道名のとおり伊勢につながり、紀州街道を行けば和歌山につながる。河内街道を行けば河内長野へ、下街道を北上すれば御所を通って大和高田へ、中街道を行けば橿原につながり、それらを北上すれば奈良がある。対する南の西熊野街道沿を行けば十津川など奥吉野があるように、五條はまさにそれらの結節点として機能していた[16]。実際、先述の高橋直吉（五條）は『朝日新聞』の売捌所でもあったが、その商圏を狙った河内長野の戸賀駒吉との間に問題が起きていたことが報告されており[17]、その物理的な近さがうかがえる。宇陀松山といえば松山街道。伊勢本街道や熊野街道に接続する要所であり、ゆえに往来盛んで栄えてきた地でもあった。

（続）

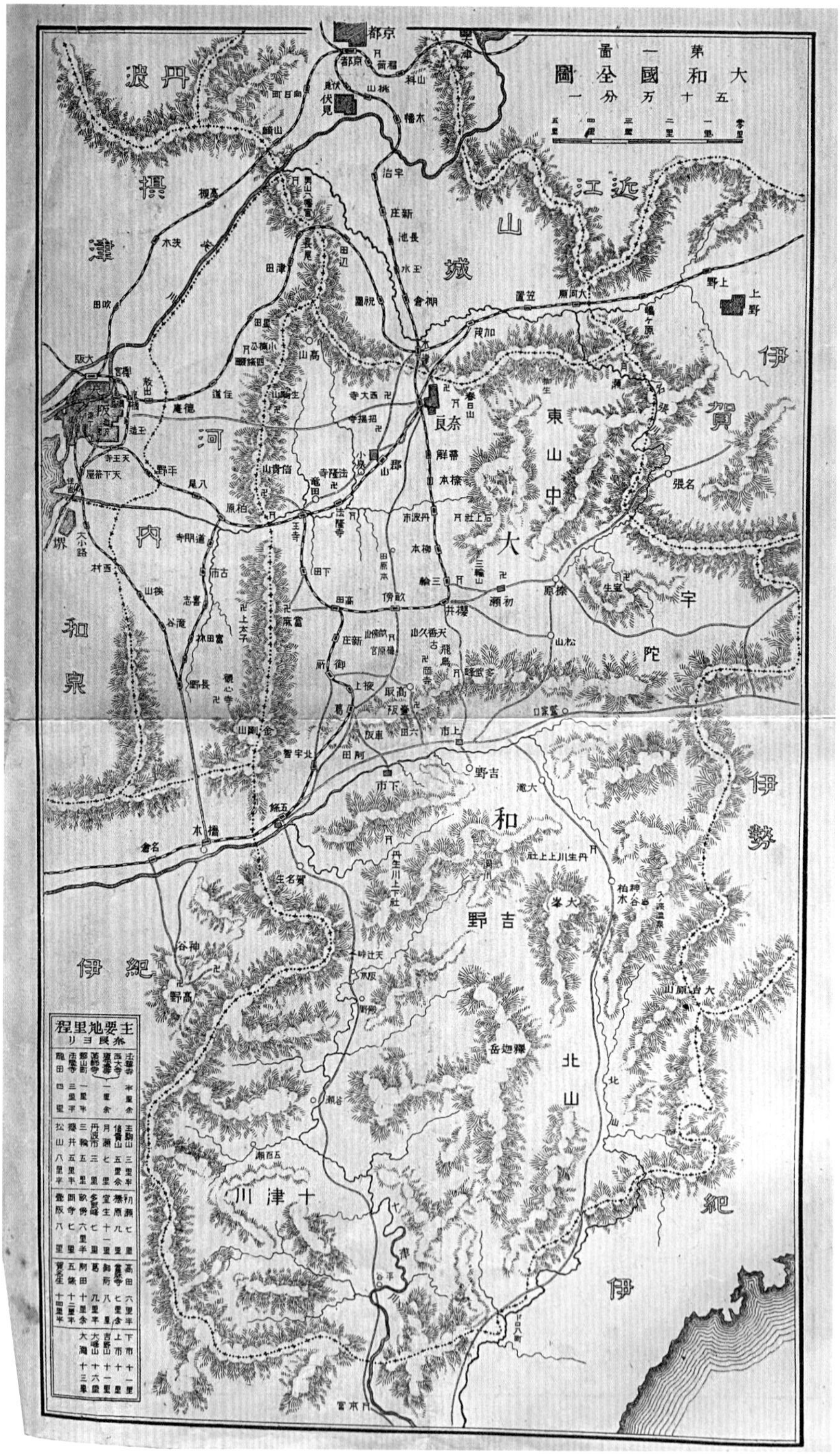

[図06]…明治41年（1908）『奈良名勝』（木原近蔵〔木原文進堂〕編集発行）付載「大和国全図」。だいぶ時代の下った地図ではあるが、位置関係を確認する参考としておきたい。中央左下に「五條」、その上に「御所」、そのさらに上に「法隆寺」、そこから右上に「郡山」、さらに右上に「奈良」がある。「御所」の右斜め上辺に「三輪」、その斜め下辺に「松山」（宇陀）があり、宇陀の向こうには伊勢である。
戻って「五條」の左は河内、和泉、紀伊の諸国で、南には十津川など奥吉野地方が広がる。鉄道のほか主要街道も描かれているので、参照されたい。

注

（1）『日本現今人名辞典』（日本現今人名辞典発行所、明治三十三年〔一九〇〇〕）によれば、静間密は安政二年（一八五五）二月十一日、周防に生まれる。明治九年（一八七六）に奈良師範学校を卒業後、奈良大阪地方にて教員となる。その傍ら『団々珍聞』『驥尾団子』等に投稿し「狂歌家を以て関西に名あり」という（しノ七頁）。明治十一年（一八七八）十月『堺県職員録』「奈良師範分校 大和国添上郡奈良築地ノ内」に「旧五等訓導」として名が載る（一五丁ウラ）。『師範学校・中学校・高等女学校 教員免許台帳抄』（文部省総務局文書課、明治三十六年〔一九〇三〕）によれば、その後、「算術」の免許を明治十九年（一八八六）五月二十日に取得している（二七頁）。

（2）奥付は、巻一「明治九年七月十五日御届／同八月刻成／著者 山口県士族 静間密 堺県管下大和国第九大区六小区吉野郡坂巻村百十一番地増田周次方寄留／出版人 堺県平民 坂田朔二郎 同県管下大和国第一大区一小区添上郡奈良春日野村五十三番地居住」、巻二「明治九子年七月十五日御届／同十月刻成／（以下同）」、巻三「明治九子年七月十五日御届／同十年三月刻成／（以下同、売捌書肆省略）」。

（3）雲突坊西田誠三編集発行『奈良繁昌記』「〇商業の案内」（明治三十二年〔一八九九〕）五八―五九頁。同書では続けて、「其の傍ら古書の売買をも為して珍本多く、専ら確実を旨として客に親切なり」とする。

（4）明新社は現在も営業を続けており、奈良市の南玄関口にあたる南京終町に本社がある。ホームページ http://www.meishin.co.jp 参照。

（5）ほかに大館熙編『公私必携 日用早学問』（松村九兵衛、明治十九年）や樋口文次郎編『現今活用 記臆一事千金』（赤志忠七、明治十九年再版）で「本條久平」名義が確認できる。

（6）林光『母親がかわれば社会がかわる 河崎なつ伝』（草土文化、昭和四十九年〔一九七四〕）、四―五頁。

（7）刊記「明治十四年六月一日出版々権願／仝七月十三日版権免許／仝十五年八月出版／註釈人 大阪府平民 佐野煥 大和国宇智郡五條村第弐百三拾五番地／出版人 仝府平民 高橋直吉 仝国仝郡須恵村第六拾九番地／印行 聚珍社 大和国五條北之町第四百八拾弐番地／（後略）」。

（8）同書の前付け、「明治十五年九月 大和 高橋直吉題」になる「宋文天祥正気歌句解小引」に「吾師佐野先生嘗応某生需、為此解、謂以此授蒙士、則其有益於世道人心匪細也、余故請先生、以公之于世云爾」とあることから、高橋は佐野の門下にあったようである。

（9）前掲『日本現今人名辞典』、まノ一三頁。

（10）『堺県職員録』（村田辰、明治十一年）一三丁オモテ。

（11）明治十九年六月十六日付『朝日新聞』大阪府録事、同年六月十五日付第百四十二号。

（12）『明治建白書集成』七（筑摩書房、平成九年〔一九九七〕）二六二頁。「同」を開いて示しておけば、「大阪府宇陀郡松山上中町 平民 松尾徳三郎印」である。

（13）明治二十二年（一八八九）四月三日付『養徳新聞』第二〇〇号。記事冒頭の「奈良県令第廿一号御達」とは、「小学校教科用図書配置表」「小学校教科用図書表」「参考書」を明記した布達（明治二十二年三月九日付、奈良県知事税所篤達）。奈良県立図書情報館所蔵『奈良県公文録二十二年県令』参照。

（14）掲載誌『興和之友』は奈良県大同団結運動の拠点となった雑誌。同誌成立の背景については、山上豊「奈良県における明治二十年代の政論新聞について――『養徳新聞』と『興和之友』を中心に」（『文化史論叢』下、横田健一先生古稀記念会編、創元社、昭和六十二年〔一九八七〕）参照。

（15）奈良県教科書審査会については、奈良県立図書情報館に奈良県庁文書『明治二十一年〔小学校〕教科書審査会ニ係ル書類』が備わる。梶山雅史『近代日本教科書史研究――明治期検定制度の成立と崩壊』（ミネルヴァ書房、昭和六十三年〔一九八八〕）も参照。

（16）『新修五條市史』（五條市役所、昭和六十二年〔一九八七〕）二五三頁。

（17）上田尚男編『天壽録』（聚珍社、平成二十一年〔二〇〇九〕）八八―九〇頁。同書は、高橋直吉が自ら記した半生記『天壽録』を現代語訳したものである。

書物學
刊行のことば

BIBLIOLOGY : the history and science of books as physical objects.

書物は人類の英知の結晶である。中国やエジプトにおけるその起源は幽にして遠、ただ仰ぎ見るばかりである。

それらに較べれば、中国文明に接するまで文字をもたなかった日本の書物の歴史は、短い。しかし、漢字を学び、漢文訓読という読解法を編みだし、そこから派生した片仮名、さらに漢字を表音文字として使用する平仮名という文字を生みだし、それらを駆使して、多くの書物が書かれてきた。「女手《おんなで》」とよばれた平仮名による女性の著述の歴史も、千年を超える。

漢字、片仮名、平仮名。一つの言語が三つの文字体系をもち、それらを使い分けて書物は書かれ出版された。そのような言語、そのような国はあるだろうか。

いま、書物は急速に「物」の次元を超え、手に触れることのできない電子の世界に移行しようとしている。それもまた人類の驚異的な英知の成果にほかならない。

これまでに蓄積されてきた書物をめぐる精緻な書誌学、文献学の富を人間の学に呼び戻し、愛書家とともに、洋の東西を隔てず、現在・過去・未来にわたる書物論議を展開する場として、ここに『書物学（Bibliology）』を創刊する。

本書の創刊が、書物を研究し書物を愛でる人々による「書物の人間学」への機縁となることを期待したい。

書物学 第22巻
禅寺の学問——相国寺・両足院の知の体系

2023年2月28日発行

制　作 ……………… ㈱勉誠社
発　売 ……………… 勉誠出版㈱
〒101-0061 東京都千代田区神田三崎町 2-18-4
電話 (03)5215-9021　FAX(03)5215-9025
E-mail : info@bensei.jp
印刷・製本………… ㈱太平印刷社

ISBN978-4-585-30722-8 C1000

書物學
BACKNUMBER

古今東西の知の宝庫に分け入り、読書の楽しさを満喫する！

1
書物学こと始め
これまでに蓄積されてきた書物をめぐる富を人間の学に呼び戻し、現在・過去・未来にわたる書物論議を展開する場として、ここに『書物学（Bibliology）』を創刊する。

2014年3月刊行・本体1,500円（＋税）

2
書物古今東西
世界三大宗教の思想を伝える書物、忍術書や艶本、アジア世界の擬似漢字による典籍、そして電子書籍まで…。洋の東西を越え、古今の書物文化の海を航海する。

2014年5月刊行・本体1,500円（＋税）

3
書物とエロス
春本や男色、密教における性の問題を文化史上に位置づけるエッセイを収載。書物世界を闊歩する先達による連載も充実。書物文化の世界への水先案内。

2014年8月刊行・本体1,500円（＋税）

4
出版文化と江戸の教養
江戸の出版文化のなかで「教養」はどのように人びとの中に浸透していったのか。政事と文学の関わり、漢詩文の位置付け、料紙論まで、書物の世界を読み解く。

2015年2月刊行・本体1,500円（＋税）

5
洋古書の愉悦
ホリンシェッド『年代記』、今なお西洋古書版の中心に位置する「アルド版」、英近代文学に大きな影響を与えたサミュエル・ジョンソン…。洋古書の魅力にせまる。

2015年7月刊行・本体1,500円（＋税）

6
「書」が語る日本文化
かつて「書」はさまざまな媒体に姿を変えつつ幅広い層に浸透し愛されていた。短冊、古筆切、和刻法帖、書の売買資料などから「書」と日本文化の関わりを探る。

2015年11月刊行・本体1,500円（＋税）

7
医書の世界
「生きる」という願いとともに医学は発展してきた。それらの知はいかにして記録され、伝播していったのか。東洋と西洋の医学の邂逅はどのような変化をもたらしたのか。

2016年3月刊行・本体1,500円（＋税）

8
国宝 称名寺聖教／金沢文庫文書
2016年、国宝指定！中世の息吹を現代に伝えるタイムカプセル、称名寺聖教／金沢文庫文書の魅力に迫る。

2016年8月刊行・本体1,500円（＋税）

9
江戸の欲望／江戸という欲望
今なお現代の憧憬をあつめる、遥かなる「江戸」――。現実と虚構が錯綜し、欲望が新たな世界像を作り出していく様相を複眼の視点から明らかにする。

2016年10月刊行・本体1,500円（＋税）

10
南方熊楠生誕150年
熊楠邸所蔵資料の悉皆調査によりさまざまな事実が明らかになってきた。「知の巨人」との対話の最前線から見えてきた熊楠の新たな側面を紹介する。

2017年3月刊行・本体1,500円（＋税）

11
語りかける洋古書
シェイクスピア戯曲の本文、版によって記述が変わるタイトルページ、光輝く中世写本、尾崎紅葉とアメリカの娯楽小説――。昔歳の書物の文化とその様相を垣間見る。

2017年8月刊行・本体1,500円（＋税）

12
江戸初期の学問と出版
あらたな秩序へと向かう近世初期。日本の出版史においても特筆すべき典籍や印刷技術や素地が凝縮されたこの時代の様相を、多角的な視点であぶり出す。

2018年2月刊行・本体1,500円（＋税）

13
学問の家の書物と伝授
清原家の営為を探る
多くの儒者を輩出した清原家。その蔵書は累代の営為を今に伝える。儒教経典、幼学書や兵書、御成敗式目など、典籍が描き出す知の沃野を紹介する。

2018年8月刊行・本体1,500円（＋税）

14
贋作・偽作
シェイクスピアの贋作、荒唐無稽な歴史記述、過剰な編集介入など、「偽り」の背景に渦巻く人間模様を暴く。また、いまだ解読されない「ヴォイニッチ写本」を整理・考察。

2018年12月刊行・本体1,500円（＋税）

15
金属活字と近代
明治初頭、明朝体活字の鋳造と近代印刷技術発展の背景には、外国人ウィリアム・ギャンブルの姿があった――。近代日本の印刷技術の道程を明らかにする。

2019年4月刊行・本体1,500円（＋税）

16
特殊文庫をひらく
古典籍がつなぐ過去と未来
大東急記念文庫、東洋文庫、斯道文庫、金沢文庫、静嘉堂文庫の魅力・来歴・蔵書を紹介。「特殊文庫」を知り、闊歩するための格好のガイドブック。

2019年7月刊行・本体1,500円（＋税）

17
編集文献学への誘い
「編集文献学」という本文校訂・本文批判をめぐる真摯な視点が既成概念へ揺さぶりをかける。さまざまな枠組みを越えた展開を要請されるこれからの人文学を考える。

2019年9月刊行・本体1,500円（＋税）

18
蔵書はめぐる
海外図書館の日本古典籍コレクション
欧米の名だたる所蔵機関から、特色ある蔵書を紹介。書物を集め、愛でた人々、そして、海を越えて伝えられた蔵書に秘められたドラマを描き出す。

2020年7月刊行・本体1,800円（＋税）

19
紙のレンズから見た古典籍
旧来の書誌学・書物学的検討に加え、高精細デジタルマイクロスコープや機械学習など、最先端の技術を組み合わせ、古典籍の世界を「紙」というレンズから探る！

2022年2月刊行・本体1,800円（＋税）

20
追憶のサムライ
中世武士のイメージとリアル
横浜市歴史博物館［編］ 剛勇・清廉・潔白…現代に伝わる「武士」「サムライ」のイメージは、どのように創られ、語り継がれてきたのか？ イメージの変遷を読み解く。
2022年10月刊行・本体1,800円（＋税）

21
活字
近代日本を支えた小さな巨人たち
「活字」はどのようにその相貌をかえ、人びとの生活の中に息づいていったのか――。さまざまな分野で活躍する執筆陣により、人びとと活字の紡いだ歴史を照らし出す。

2022年12月刊行・本体1,800円（＋税）